7E

ro
ro
ro

«Mein Name ist Fatih Çevikkollu. Das ist türkisch und heißt auf Deutsch: Fatih Çevikkollu. Ich bin Moslem. Halt, nicht – keine Angst!

Scheiße! Schon wieder zu spät.

Der Letzte, der dieses Buch in die Hand genommen hat, warf es genau an dieser Stelle angewidert weg und lief schreiend davon. Das Buch flog in hohem Bogen durch die Luft, und dort, wo es schließlich aufprallte, riegelte man die Straße weiträumig ab, SEK-Spezialeinheiten stürmten herbei, und Sprengstoffexperten untersuchten es auf sein Gefährdungspotential. Gelesen hat es keiner. Zu gefährlich!»

Fatih Çevikkollu wurde 1972 in Köln geboren und absolvierte seine Schauspielausbildung an der Hochschule Ernst Busch in Berlin. Bundesweit wurde er durch seine Rolle als Murat in der Serie «Alles Atze» bekannt. Dafür erhielt er zweimal den Deutschen Comedy-Preis sowie den Deutschen Fernsehpreis. Seit 2005 ist er erfolgreich mit seinem hochgelobten Soloprogramm «Fatihland» in ganz Deutschland auf Tournee und wurde auch dafür wiederholt ausgezeichnet, z. B. mit dem Prix Pantheon.

Sheila Mysorekar arbeitet als freie Journalistin und war viele Jahre für die ARD in Südamerika tätig. Sie ist bei der «Initiative Schwarze Menschen in Deutschland» aktiv und hat bereits mehrere Bücher veröffentlicht.

Fatih Çevikkollu

Sheila Mysorekar

Der Moslem-TÜV

Deutschland, einig Fatihland

Mit einem Vorwort von
Cem Özdemir

Rowohlt Taschenbuch Verlag

Veröffentlicht im Rowohlt Taschenbuch Verlag,
Reinbek bei Hamburg, Februar 2010
Copyright © 2008 by Rowohlt Verlag GmbH,
Reinbek bei Hamburg
Lektorat Nicola Lauré al-Samarai
Umschlaggestaltung ZERO Werbeagentur, München,
nach einem Entwurf von Nadja Fernandes,
Grafik et cetera, Köln (Foto: Stephan Pick)
Satz Dolly PostScript (InDesign)
bei KCS GmbH, Buchholz bei Hamburg
Druck und Bindung Druckerei C. H. Beck, Nördlingen
Printed in Germany
ISBN 978 3 499 62491 9

Inhalt

III
Kölle Allah!

Anhang I
für integrationsresistente Parallelgesellschaftler
und experimentierfreudige Pfadfinder

Anhang II
Gesprächsleitfaden für die Einbürgerungsbehörden
in Baden-Württemberg

Quellen

Vorwort

Der «Moslem-TÜV» überprüft unsere Debatte über Migration, Integration und die Terrorgefahr – ernste und kontroverse Themen, denen die Autoren mit viel Ironie und Sprachwitz begegnen. Hier wird sich mit Deutschland auseinandergesetzt: von Muttersprache bis «Fatihland», von witzigen Jugenderinnerungen bis zu den aktuellen politischen Diskussionen. Ein politisches Buch, bei dem man laut lachen muss? Ja, das gibt's. Den Beweis halten Sie in Händen.

Die Autoren stammen aus dem Rheinland. Der Kabarettist Fatih Çevikkollu kommt aus einer türkischen Familie, die Journalistin Sheila Mysorekar ist indischer Abstammung. Sie machen aus ihren Kölner Wurzeln keinen Hehl, wie den Geschichten unschwer anzumerken ist – wo doch die Verbundenheit vieler Migrantinnen und Migranten selbst der zweiten oder dritten Generation mit Deutschland oft in Frage gestellt wird, als sei Lokalpatriotismus eine Sache der Gene oder des teutonischen Vornamens. Die Autoren nehmen diesen Ball offensiv auf und gehen erfrischend selbstverständlich mit ihrer rheinischen Herkunft um: Da erfährt der Islam schon mal seine kölsche Prägung, und umgekehrt wird selbst der Karneval muslimisch eingeordnet – Kölle Allah!

Selbstverständlichkeit ist ein gutes Stichwort. Denn an Selbstverständlichkeit, an Normalität mangelt es hierzulande nicht selten. Noch immer gilt es als nicht «normal», wenn Schwarze akzentfreies Hochdeutsch sprechen oder Menschen mit türkischem Namen eine höhere Position in einem Unternehmen bekleiden. Und noch immer gilt es als geradezu unvorstellbar, dass Menschen mehr als eine Identität haben können. Ist es denn verwunderlich, wenn sie es irgendwann satthaben, immer als Ausnahme betrachtet zu werden und nicht als ein selbstverständlicher Teil der deutschen Gesellschaft?

Nach wie vor wird darüber diskutiert, wie multikulturell dieses

Land sein sollte oder sein darf. Dabei ist die Frage gar nicht, ob wir eine multikulturelle und multireligiöse Gesellschaft sind, denn es gibt sie ja schon längst. Die Frage ist doch vielmehr, wie wir diese Gesellschaft unter dem Dach des Grundgesetzes gemeinsam gestalten. Deutsche unterschiedlicher Herkunft, Religion oder Hautfarbe? Wir alle sollten diese Normalität endlich verinnerlichen, auch in unserer politischen Kultur. Das heißt nicht, dass die Konflikte im Zusammenleben oder die Verantwortung jedes Einzelnen unter den Teppich gekehrt werden sollen – das tut auch dieses Buch nicht. Aber die Akzeptanz des anderen dieser oder jener Herkunft und Religion als Teil dieser Gesellschaft ist Voraussetzung dafür, dass die Menschen, ungeachtet ihrer ethnischen oder sozialen Herkunft, eine gerechte Chance erhalten und sich verwirklichen können, auch zum Wohl der gesamten Gesellschaft. Damit Menschen mit Migrationshintergrund in den unterschiedlichsten Berufen und Bereichen zu finden sind, nicht nur im Dienstleistungssektor oder als Arbeiter, sondern in den Medien, in der Politik, in den Vorstandsetagen. Oder eben als Autorin oder Kabarettist ...

Diese Fragen greift der «Moslem-TÜV» auf – mit viel Spaß an der Sache. Das Autorenteam karikiert beispielsweise die Festlegung von Menschen mit Migrationshintergrund auf bestimmte Berufe und zeigt effektiver als so manche Studie, wo die Grenzen des hiesigen Integrationswillen derzeit noch verlaufen – ohne Wut, ohne Zeigefinger, sondern mit viel schwarzem Humor.

Fatih Çevikkollu und Sheila Mysorekar nehmen Schlagworte wie ‹Leitkultur› oder ‹Parallelgesellschaft›, die in der Migrationsdebatte als inhaltsleere Totschlagargumente benutzt werden, drehen sie auf den Kopf und füllen die Begriffe mit einem ganz neuen Inhalt. Zwangsheirat, Kofferbomber oder Überwachungsgesellschaft – um kein heikles Thema wird ein Bogen gemacht, aber man liest jedes Mal etwas ganz anderes, als man erwartet hat. Nicht nur die Themen sind ernst, ernst ist es auch den Autoren – und gerade deshalb hat man bei der Lektüre seine helle Freude.

Cem Özdemir

I
Fatihland

Der Moslem-TÜV:
vom Kümmeltürken zum
Topterroristen

Mein Name ist Fatih Çevikkollu. Das ist türkisch und heißt auf Deutsch: Fatih Çevikkollu. Ich bin Moslem. Halt, nicht – keine Angst!

Scheiße! Schon wieder zu spät.

Der Letzte, der dieses Buch in die Hand genommen hat, warf es genau an dieser Stelle angewidert weg und lief schreiend davon. Das Buch flog in hohem Bogen durch die Luft, und dort, wo es schließlich aufprallte, riegelte man die Straße weiträumig ab, SEK-Spezialeinheiten stürmten herbei, und Sprengstoffexperten untersuchten es auf sein Gefährdungspotential. Gelesen hat es keiner. Zu gefährlich!

Als Moslem stellt man eben heutzutage das ultimative Sicherheitsrisiko dar. Ich empfehle daher folgenden Selbstversuch: Begeben Sie sich einfach an einen öffentlichen Ort und tun Sie laut und vernehmlich kund: «Guten Tag, mein Name ist *Wie-auch-immer*. Übrigens, ich bin Moslem.» Sofort werden Sie spüren – die Spannung um Sie herum steigt schlagartig. Gespräche verstummen. Verstohlene Blicke durchbohren Ihr T-Shirt, denn vielleicht ist das, was sich darunter abzeichnet, ja kein Sixpack, sondern ein Sprengstoffgürtel! Menschen in Ihrer unmittelbaren Umgebung versuchen, sich unmerklich zu entfernen, und ein bis dahin völlig unauffälliger Mann wispert plötzlich in den aus seiner Juteeinkaufstasche ragenden Stangensellerie: «Er ist Moslem! Er ist Moslem!»

Sicherheitsrisiko Nummer eins. Das nackte Panik-P. Der Kofferbomber. Der Uranschmuggler. Der TERRORIST.

Ich stamme aus Köln, bin viel unterwegs, und wann immer ich in meiner Stadt ankomme, freue ich mir ein Loch in den Bauch. Was soll ich groß erklären: Es ist das unbeschreibliche und tiefe Glücksgefühl, das man empfindet, wenn man nach Hause kommt, und das wahrscheinlich jeder für sich mit einem ganz bestimmten Ort verbindet. Mit diesem Gefühl stieg ich also neulich aus dem Flieger, rief «Salamin aleikum, Köln!» und winkte meiner Familie zu, die draußen wartete, um mich abzuholen. Noch bevor meine Hände wieder unten waren, hatte ich schon – klick – Handschellen an.

Da drängt sich einem doch die Frage auf: Warum ist das so? Warum kann ich nicht in meiner Heimat ankommen und mich laut freuen, dass ich wieder da bin?

Ich habe eine Theorie: In Deutschland herrscht Angst. Angst vor *dem Moslem*, dem vollbärtigen, sprengstoffbeladenen, intoleranten, Frauen und Schweineschnitzel verachtenden Moslem. Ich weiß nicht, worin die Schwierigkeit liegt, zwischen einem Rheinländer islamischen Glaubens wie mir und dem Ayatollah zu differenzieren, aber der Großteil meiner deutschen Mitbürger ist dazu anscheinend nicht imstande. Angst vor *dem Moslem* heißt Iran, Uran, Terror, Panik!

Wissen Sie, was das Schöne daran ist, wenn jemand Angst hat? Richtig! Mit diesem Jemand kann man machen, was man will! (Frauen wissen, wovon ich rede.) Das deutsche Volk hat Angst vor *dem Moslem*, was in logischer Folge bedeutet, *Sie* haben Angst vor *mir*. Zumindest ein Stück weit. Und das wiederum ist natürlich außerordentlich praktisch für die Politiker, denn wenn ihr Wahlvolk vor irgendwem richtig Angst hat, kann man Lauschangriffe starten und nach Gutdünken die Bürgerrechte einschränken, während alle nicken und sagen: «Ist doch prima! Dient alles nur zu unserer Sicherheit!»

Eine gewisse Landesregierung hat vor kurzem einen sogenannten ‹Gesprächsleitfaden› verfasst. Dabei handelt es sich um einen Fragebogen mit insgesamt dreißig Fragen, der ausschließlich für Menschen moslemischen Glaubens konzipiert wurde, die die deutsche Staatsbürgerschaft erwerben wollen. Nein, das ist nicht rassistisch!

Immerhin geht es hier um die innere Sicherheit. Andere Länder foltern – wir machen gerade mal einen Test. Das muss schon noch drin sein! Dieser ‹Gesprächsleitfaden› ist seit dem 1. Januar 2006 in Baden-Württemberg in Nutzung, bekanntlich ein CDU-regiertes Bundesland. Sind Sie CDU-Wähler? Wenn ja, freut es mich, dass Sie diese Zeilen mit Interesse lesen, denn wir müssen wirklich mal miteinander reden. Schließlich zeichnet die CDU verantwortlich für dieses intelligente Papier, das die Presse gern als ‹Gesinnungsprüfung› tituliert. Ich nenne es Moslem-TÜV.

Falls Sie diesen Test nicht kennen, möchte ich nunmehr meinem bildungspolitischen Auftrag als kritischer Kabarettist nachkommen und Ihnen selbigen Fragebogen vorstellen, der in eindrucksvollem Amtshochdeutsch *Gesprächsleitfaden für die Einbürgerungsbehörden in Baden-Württemberg* heißt. Um seine Bedeutung zu unterstreichen, noch eine kurze Bemerkung vorweg: Es handelt sich um einen Test, den man bestehen muss, um Deutscher in Deutschland werden zu können. Höher geht es nicht, denn man hat dann nicht nur die Pflichten, wie die ganzen Jahrzehnte zuvor, sondern auch die Rechte. Und machen wir uns nichts vor, das ist in Deutschland eine ganz heikle Geschichte – die Rechte. Was ich damit sagen will: Dieser Fragebogen ist wichtig. Sehr wichtig. Es geht hier nämlich nicht um einen Sack Kartoffeln, sondern um nichts Geringeres als die deutsche Staatsbürgerschaft. Und bekanntlich haben Kartoffeln und Staatsbürgerschaft nichts miteinander gemein.

Nachdem dies hoffentlich zweifelsfrei geklärt ist, muss ich noch darauf hinweisen, dass die nun folgenden Fragen nicht etwa von mir frei erfunden, sondern greifbare bundesdeutsche Realität sind. Zumindest in Baden-Württemberg – einsamer Vorreiter in Sachen religiöser Toleranz.

Um besagten Test in seiner sinnlichen Kraft ganzheitlich nachempfinden zu können, stellen Sie sich jetzt bitte folgende Ausgangssituation vor: Sie sind Moslem! Das ist nur ein Spiel, also haben Sie keine Angst, es kann überhaupt nichts passieren. (Ich bin mir im

Übrigen durchaus bewusst, dass es später heißen wird: «Seine Tarnung war perfekt. Er kam als Kabarettist.») Als Nächstes malen Sie sich nun aus, Sie würden in Baden-Württemberg leben – zugegeben, das mag für den einen leichter, für den anderen schwerer sein. Und schließlich die letzte Herausforderung an Ihre Phantasie: Sie wollen den deutschen Pass.

Das kann man sich beim besten Willen nicht mehr vorstellen, nicht wahr? Ich bitte Sie – einen deutschen Pass? Da kann ich mir ja gleich ... Oh, Verzeihung! Ich bitte um Bestrafung. Sie können mich wahlweise entweder abschieben oder dieses Buch einfach verbrennen ... Oh Mann, schon wieder ... Ich bitte um Vergebung! Da fällt mir ein, das mit dem Abschieben geht ja auch nicht mehr. Wie ärgerlich!

Aber gut, fangen wir einfach mal an. Wir befinden uns als moslemische Glaubensgenossen in Baden-Württemberg und wollen den deutschen Pass. (Dafür gibt es sehr verschiedene Gründe, ganz abgesehen davon, dass schließlich nicht jeder über die Mittel verfügt, eine getürkte Hochzeit zu bezahlen.) Nun sitzen wir also in der Ausländerbehörde in Reutlingen, bekommen den ‹Gesprächsleitfaden› vorgelegt und sehen uns beispielsweise mit Frage 22 konfrontiert, in der es heißt: «Sie erfahren, dass Leute aus Ihrer Nachbarschaft oder aus Ihrem Freundes- oder Bekanntenkreis einen terroristischen Anschlag begangen haben oder planen. Wie verhalten Sie sich?» Nachbarschaft? Freundes- oder Bekanntenkreis? Da gibt's nur eins! Ich greife zum Hörer und sage: «Mohammed! Warum? Warum muss ich das aus der Zeitung erfahren, Allah hallah?!»

Eigentlich fehlt an dieser Stelle nur noch die Hinzufügung: Sind Sie Terrorist? Bitte ankreuzen: ja / nein / nur gegen Bezahlung.

Ebenfalls nicht unerwähnt lassen möchte ich Frage 13, die ihrerseits mit einer besonders schönen Formulierung beginnt: «Man hört immer wieder ...» Moment mal, was ist denn das für eine Faktengrundlage? Juristen nennen so etwas Formulierungsschwäche. «Man hört immer wieder ...?» Bei der Einbürgerung? Was will man uns damit nahebringen? Den Waschweiberschnack im Landtag? Die

Frage selbst ist allerdings noch viel besser: «Man hört immer wieder, dass Eltern ihren volljährigen Töchtern verbieten, einen bestimmten Beruf zu ergreifen oder einen Mann ihrer Wahl zu heiraten. Wie stehen Sie persönlich zu diesem Verhalten; was würden Sie tun, wenn Ihre Tochter einen Mann anderen Glaubens heiraten oder eine Ausbildung machen möchte, die Ihnen nicht gefällt?»

Sollte mir irgendjemand nicht glauben oder annehmen, dies sei reiner Mumpitz (schöner Name übrigens), kann er alles im Anhang nachlesen oder aus dem Internet herunterladen – in diesem Zusammenhang spricht man auch von ‹bin laden›. Man geht dafür einfach ins Netz und ruft die schwäbische Internetsuchmaschine Gugle auf, die Sie bestimmt kennen. Da kannscht neigugle un nausgugle, es öffnet sich ein Fenster – ein sogenanntes Eingabefeld für Suchbegriffe –, und man tippt den Begriff ‹Gesinnungsprüfung› ein, wahlweise ‹Gesprächsleitfaden› oder auch mal ‹Moslem-TÜV›. Ich bin mir sicher, das Papier erscheint in voller Pracht auf dem Schirm. Alles ist vollkommen legal. Sie brauchen definitiv keine Erlaubnis von Osama bin Schäuble. So eine Legitimität ist doch toll – gewissermaßen das letzte Stückchen Freiheit, das uns geblieben ist. Wir hinterlassen zwar Spuren, aber die interessieren keinen. Jedenfalls noch nicht.

Auch sehr beeindruckend ist Frage 28. Sie lautet: «Ihre Tochter bewirbt sich um eine Stelle in Deutschland. *(Wo denn sonst?)* Sie bekommt jedoch ein ablehnendes Schreiben. *(Was für eine Überraschung.)* Später erfahren Sie, dass eine Schwarzafrikanerin aus Somalia die Stelle bekommen hat. Wie verhalten Sie sich?» Liebe Freunde, ich als guter Deutscher schreibe da ganz einfach: «Früher …!» Der Rest sollte bekannt sein. Wenn nicht, einfach mal den Opa fragen.

Mit einem äußerst intelligent formulierten Einstieg beginnt auch Frage 29.* Hier finden wir die Worte: «Stellen Sie sich vor …», was auf meiner persönlichen Richterskala direkt auf «Man hört immer wie-

---

* Diese Frage ist inzwischen gestrichen worden. Warum sind die restlichen neunundzwanzig geblieben?

der ...» folgt. Also: «Stellen Sie sich vor, Ihr volljähriger Sohn kommt zu Ihnen und erklärt, er sei homosexuell *(das erklärt man ja schon mal)* und möchte gerne mit einem anderen Mann zusammenleben. Wie reagieren Sie?» So weit die Frage. Jetzt einfach mal innehalten und sich für einen Moment den eigenen Vater vorstellen. Genau. Was würde der wohl sagen? «Wir waren doch immer gut zu dir! Es hat dir nie an etwas gefehlt!» – «Vati, ich *liebe* den Ali!» – «Aber Junge, muss es denn ein Türke sein?»

Im Grunde ließe sich das Ganze mit einer einzigen Frage abkürzen, die die eigentliche Absicht des Verfassers erhellt, sprich, was die CDU hiermit eigentlich bezweckt. Sie könnte zum Beispiel lauten: «Würden Sie die Karikatur des Propheten zeichnen? Bitte ankreuzen: ja / nein!» Ganz klare Frage, ganz klare Antwort.

Aber nein, wir haben es hier mit dreißig Fragen zu tun, und alles, was übrigbleibt, ist ein diffuser Generalverdacht. ‹Generalverdacht› ist verständlich, oder? Das ist in etwa vergleichbar mit dem Gefühl, das Ihnen entgegengebracht wird, wenn Sie nach Frankreich fahren und zugeben, dass Sie Deutscher sind.

Doch wie ist das nun eigentlich mit dem Moslem? Ich meine den gemeinen Moslem – ein Normalo wie du und ich. Es gibt 1,4 Milliarden Moslems. Das kann man wohl eine stattliche Zahl nennen. Dass sich darunter ein paar tausend Schrottköppe finden, die Terror im wahrsten Sinne des Wortes machen, damit eine Weltreligion diskreditieren und deswegen auf das Schärfste zu verurteilen sind, ist klar. Und es macht einen doch recht ungehalten, wenn man sich vor Augen führt, dass von diesen Typen gerade mal fünfzehn bis achtzehn Prozent organisiert sind, also nicht einmal eine aussagefähige Mehrheit hinter sich haben, und das Maul aufreißen, wie sie es tun. Da muss ich mir doch die Frage stellen: Kann es sein, dass ihr komplett beratungsresistent seid? Kritikunfähig?

Der gemeine Moslem wie du und ich, der den lieben Gott nur einen guten Mann sein lassen will, ist total irritiert: gestern noch Kümmeltürke, heute schon Topterrorist – ein steiler sozialer Aufstieg, aber immer schön am Rand entlang. Der gemeine Moslem wie du und ich ist total orientierungslos, traut sich kaum noch allein zum Gebet, aus Angst, dass er den Osten nicht mehr findet.

Als 'ne kölsche Jong fühle ich eine soziale Verpflichtung, denn mer Kölsche helfe, wo mer könne. Ich bin also hin zu meinen Glaubensbrüdern und habe denen gesagt: «Jungens, loma fiere, loma net lamentiere, loma partizipiere als kölsche Muselmanen. Wenn der Zoch kütt, da sind wir dabei, und dann rufen die KÖLLE und wir AL-LAH!» Nur eine Idee auf dem Weg zur Deeskalation. «Lasst uns uns doch auf einem Terrain treffen, auf dem wir alle eine Sprache sprechen», habe ich vorgeschlagen. «Lasst uns doch einen gemeinsamen religiösen Feiertag begehen. Hier die christliche Gemeinde, da die moslemische Gemeinde. Feiern wir doch ALLAH-HEILIGEN!» Lediglich eine weitere Idee auf dem Weg zur interreligiösen Begegnung. Verstehen Sie mich nicht falsch. Ich möchte hier niemanden glorifizieren, ich suche nur nach konstruktiven Möglichkeiten mitbürgerlichen Zusammenlebens. Schließlich geht es um Frieden – das wichtigste Wort mit F neben ‹Freiheit› und ‹Fatihland› –, um Befrieden der Situation, um Befriedigung. Und allein war die bekanntlich noch nie wirklich fruchtbar.

Apropos Befriedigung: Da ist noch eine Sache, bei der ich als durchschnittsmoslemischer Ali Normalverbraucher auf einer ganz anderen Schiene fahre als so ein Selbstmordattentäter. Stichwort Kritikunfähigkeit: Diese Typen freuen sich darauf, dass sie nach getanem Job im Paradies für alle Ewigkeit von Jungfrauen beglückt werden! Jetzt mal unter uns: Wer will denn heutzutage noch eine Jungfrau? Ich nicht! Ich will Profis! Ein kleiner Vergleich am Rande: Haben Sie schon einmal mit einem absoluten Anfänger Tennis gespielt? Richtig! Das macht überhaupt keinen Spaß. Einfach kein Ballgefühl! Das Verwunderliche allerdings ist, dass Frauen, die noch Jungfrauen sind, sich richtig etwas darauf einbilden. Da frage ich mich, worauf, bitte schön? Mann lernt Frau kennen. Mann redet, flirtet und, nun ja, verfolgt ein gewisses Fernziel. Irgendwann plustert sich Frau auf mit den Worten: «Ich bin noch Jungfrau!» Wissen

Sie, was ich mir dann denke? ‹Hau ab! Fass mich ja nicht an! Pfui, geh weg!› Gespräch beendet. Das eigentlich Fatale an der Geschichte ist, dass die meisten Frauen, die keine Jungfrauen mehr sind, mit Schuldgefühlen und einem schlechten Gewissen herumlaufen. Wo leben wir eigentlich? Man kann doch niemanden aufgrund einer gewonnenen Erfahrung ausgrenzen. Da sage ich als durchschnitts-moslemischer Ali Normalverbraucher mit Nachdruck: Das ist ein Verbrechen an der Menschlichkeit!

In der Praxis sieht das so aus: Mann lernt Frau kennen. Frau ist intelligent, witzig, locker, gut drauf, hat Charme und sieht auch nicht schlecht aus. Kurz: eine Klassefrau. (Die gibt es tatsächlich und in letzter Zeit immer öfter.) Mann unterhält sich mit ihr, aber irgendwann wird diese wundervolle Klassefrau ganz kleinlaut und murmelt verschämt: «Ich bin keine Jungfrau mehr.» So ein aufgeweckter orientalischer Mitteleuropäer wie ich sagt dann schlicht mit einem zarten Lächeln auf den Lippen: «Komm zu Fatih!»

Wir verweisen auf Anhang II, Seite 185. Dort finden Sie den *Gesprächsleitfaden für die Einbürgerungsbehörden in Baden-Württemberg* in seiner vollen Schönheit. Unglaublich, aber wahr!

Alihans fürs Leben

Ich bin 'ne kölsche Jong.

Zugegeben, wenn man den Namen Fatih Çevikkollu hört, denkt man nicht als Erstes an kölsche Jungs, aber es ist die reine Wahrheit. Obwohl, wenn ich überlege, dass die kölschen Jungs, die ich so kenne, Mikele, Marek oder Medhani heißen, dann passt mein Name eigentlich ganz gut dazu. Und mal ehrlich: Willy Millowitsch oder Pierre Littbarski hören sich doch auch eher nach Wodka und Wurst an als nach halve Hahn ... Jetzt wissen Sie nicht, was 'ne halve Hahn ist? So nennen wir Kölner ein Roggenbrötchen mit Käse. Fragen Sie mich nicht, warum. Ich weiß nur eins: Es ist wesentlich appetitlicher, als zu Mettwurst «Hackepeter» zu sagen, wie es zum Beispiel die Berliner tun. Das klingt doch, als wäre das Brötchen in Rothenburg belegt worden. Heute mit Hackepeter, morgen mit Hackejürgen, übermorgen mit Hackehelga ... Aber ich schweife ab.

Ich kam in einem katholischen Krankenhaus zur Welt – gut, das ist in Köln kein großes Kunststück – und besuchte später, in logischer Konsequenz, eine katholische Grundschule. Bekanntlich pflegen Christenmenschen bestimmte Bräuche, weshalb mir meine Mutter, bevor ich morgens losging, mit auf den Weg gab: «Fatih, wenn die anderen Kinder in deiner Klasse beten, musst du nicht mitbeten, weil wir Moslems sind.»

Es ist eine feine Sache, auf alle Eventualitäten vorbereitet zu sein. Und das war ich auch – mehr oder weniger.

Wenn uns die Lehrerin mit der fröhlichen Frage begrüßte: «Guten Morgen, liebe Kinder, wer will denn das Morgengebet sprechen?», meldeten sich alle. Ich mich auch.

Das zog natürlich Verwunderung nach sich: «Fatih, du?»

Und dann antwortete ich immer: «Nein! Meine Mama hat gesagt, wenn hier alle beten, muss ich nicht mitmachen, weil … ehm … das ist nämlich so … ehm … wir sind Moslems.»

Die Lehrerin lächelte jedes Mal ganz freundlich und sagte: «Das ist richtig, Fatih. Während wir beten, kannst du ja derweil ein bisschen spielen. Setz dich doch solange in die Meckerecke.»

Aber immer, wenn ich es mir mit den Klötzchen in der Hand in meiner persönlichen Mekkaecke gen Osten gerade gemütlich gemacht hatte und loslegen wollte, waren die schon wieder fertig! Menschenskinder, wenn bei uns so richtig gebetet wird, hätte ich in der Zwischenzeit die Blaue Moschee aufbauen können!

Noch deprimierender war, dass mich meine Mutter zu Hause erwartungsfroh fragte: «Und, Fatih, hast du schön gespielt, während deine Klassenkameraden gebetet haben?»

Ich murmelte dann: «Ja, Mama. Ich muss nur schneller werden.»

Sie sehen, hier tat sich schon in frühester Jugend ein klassisches interkulturelles Missverständnis auf: All die Jahre in der Grundschule dachte ich nämlich, diese Christen beten absichtlich die kürzesten Gebete, die es gibt – nur, um mich zu ärgern.

Wenn man, wie ich, als kölsche Jong in der Domstadt geboren wird, bekommt man die kölsche Sprache quasi mit der Muttermilch eingeflößt. (Das ist in meinem konkreten Fall natürlich nur eine Metapher.) Ich bin in Köln-Nippes aufgewachsen, und da hört man urkölsche Dialoge. Man spielt mit seinen Freunden auf der Straße – Fangen, Fußball, Handtaschenklauen, das Übliche halt –, und plötzlich schallt es von der anderen Straßenseite:

«Jupp, wie isset? Joot?»

Und der Mann auf unserer Straßenseite ruft: «Muss! Helmut, un selfs?»

Helmut: «Läuft.»

Der andere: «Haupsach!»

Helmut: «Wat willse maache? Da steckse nit drin.»

Der andere: «Et kütt, wie et kütt.»

Helmut final: «Ever et hätt noch immer joot jejange!»

(Unter den Kölner Eingeborenen üblicher Ritus der gegenseitigen Zusicherung des Verständnisses für die Härte des Daseins und abschließender Ausdruck der Hoffnung auf ein besseres Leben – Anmerkung des Übersetzers.)

Meine kölsche Herkunft lässt sich vielleicht am besten auf diese Weise erklären: Ich sehe aus wie Ali und spreche wie Hans. Man könnte auch sagen: Ich bin's, Alihans! Manchmal singe ich sogar ganz leise vor mich hin: «Alihans fürs Leben ... hoffentlich Alihans ... denn nur wer sich Alihans ... ein festes Bündnis mit dem Glück!»

Was mich betrifft, bin ich Alihans im Glück, nur leider scheinen meine kölschen Landsleute – wie meine deutschen Landsleute überhaupt – zuweilen etwas verwirrt darüber zu sein, dass ich wie Hans spreche, als ob die Sprache von der Haarfarbe abhinge. Stellen Sie sich mal vor, in der Schule würde der Lehrer sagen: «Nee, Thorsten, blonde Haare und dann Leistungskurs Französisch? Das wird nichts!» Deshalb nochmal zum Mitschreiben: Auch ein anständiger Ali spricht Kölsch wie ein Hans oder, besser, wie Tünnes und Schäl *(mythische Kölner Volkshelden – Anmerkung des Übersetzers)*. Haupsach, er ist im Schatten des Domes groß geworden.

Bei unserem letzten Campingurlaub in den Niederlanden habe ich festgestellt: Ich erkenne meine Kölner Landsleute immer und überall.

In Holland sprechen wir üblicherweise ja nicht Deutsch, sondern Englisch. Das hat etwas mit Respekt zu tun. Immerhin befindet man sich in einem anderen Land mit einer anderen Sprache und einer anderen Kultur, und so zu tun, als ob die uns dort von vornherein verstehen müssten, ist an Dekadenz nicht zu überbieten.

Wie ich so auf dem Campingplatz stand, sah ich einen Mann und wusste sofort: Der kommt aus Köln. Er hatte wirklich alles richtig gemacht, um unerkannt durchzugehen: Er sprach Englisch, er trug campingkonforme Klamotten (weiße Socken und Sandalen, um nur ein pikantes Detail zu nennen), aber was der *gesagt* hat! Mitten auf dem Platz zuckte er mit den Schultern, drehte die Handinnenflächen gen Himmel, und sein Mund entließ die schicksalhaften Worte: «What will you make?» Als ob das noch nicht genug gewesen wäre, folgte darauf die ergebene Feststellung: «You stick not in it!», um dann erklärend hinterherzuschieben: «You can only look the people for the head!» Nach dem seltsam abgewandelten urrheinischen Ausruf «It küts how it küts and it küts ever jood!» war er nicht mehr zu bremsen und verkündete voller Inbrunst: «Real friends stand together, drink one with! Weil it is doch so: Every jeck is others!»

Ich stand da, staunte ergriffen und dachte bei mir: «Yo! I have understoned!»

Meine ganz persönliche
Berliner Mauer

Meine Eltern kamen Ende der Sechziger nach Deutschland – aus der Türkei.

Ich kam Anfang der Siebziger nach Deutschland – aus Mutti.

Mein Vater arbeitete in Köln bei einer berühmten Automobilfirma, auf die ich jetzt nicht näher eingehen möchte, in der Halle in der Produktion. Ich arbeitete in Köln bei einer berühmten Filmfirma, auf die ich jetzt noch weniger eingehen möchte, in der Halle in der Produktion. Mein Vater stellte Autos her, serienmäßig. Ich spielte in einer TV-Serie, eher mäßig. Das sind die Parallelen in unserem Leben. Es gibt nur einen Unterschied: Ich fahre nie wieder Ford!

Mein Vater fuhr unser ganzes Leben lang Ford. Das war das Mantra seines Daseins: «Wir fahren fort.» Mit anderen Worten: «Wir kehren zurück.» Dieses Mantra hat mich mein Lebtag begleitet. Es hing wie ein Damoklesschwert über meiner gesamten Kindheit. Von früh bis spät. Tagein, tagaus. Jahrein, jahraus. Ständig hieß es: «Wir kehren zurück. Wir kehren zurück. Wir kehren zurück ...»

In jeder Alltagssituation wurde ich an unser Mantra erinnert. Es ist ein stinknormaler Tag, die Sonne scheint, das Leben ist schön, und ich frage meinen Vater ganz unschuldig: «Papa, kann ich mal rausgehen, spielen?» Er antwortet: «Junge, das lohnt nicht!» Oder: «Papa, kann ich mir mal ein Brot schmieren?» Er: «Na klar, aber die Wurst ist schon weggepackt!» Oder: «Papa, ich geh mal aufs Klo.» Er: «Das ist eine gute Idee, dann musst du gleich nicht so viel!»

Es war ein Leben im Stand-by-Modus, frei nach dem Motto: «Vater muss nochmal eben dreißig Jahre ranklotzen, dann fahren wir aber auch gleich los! Zieh schon mal die Schuhe an!» Irgendwann fasste ich mir ein Herz und fragte: «Sag mal, Papa, *wohin* eigentlich?»

Meinen Vater überraschte diese Frage sichtlich, und er antwortete etwas verblüfft: «Wie ‹wohin›? In die Türkei natürlich!» Ich sagte: «In die Türkei? Was soll ich denn da?» Er erwiderte, noch etwas verblüffter: «Eh … eh … leben!» Ich flippte aus: «Leben?? Ich will nicht leben! Ich will Captain Future und Colt Seavers und die Wicherts von nebenan! Was soll ich denn in der Türkei statt Simon & Simon gucken? Etwa Yüksel & Yüksel?»

Wir wohnten zu fünft auf fünfzig Quadratmetern. In jeder Legebatterie gab es mehr Platz. Unsere Wohnung war so klein – wenn die Sonne reinschien, mussten wir rausgehen. Bei uns zu Hause wurde nicht investiert, alle Investitionen waren nur für drüben. (Die aus dem Osten kennen das.) Bei uns zu Hause wurden neue Dinge eingekauft und sofort ungenutzt weggepackt – und das über Jahre und Jahrzehnte. Das Ganze hatte System: Auf der einen Seite stand mein Vater und murmelte kopfnickend: «Wir kehren zurück. Wir kehren zurück. Wir kehren zurück …» Auf der anderen Seite sah man meine Mutter, die alles Eingekaufte wegpackte, mehr einkaufte und ebenfalls wegpackte. Neuer Toaster – weg damit. Kassettenrecorder – weg damit. Und so weiter. Die beiden spielten ein perfides, ausgeklügeltes Spiel, in dem wir Kinder keine Chance hatten. Glänzende neue Gegenstände schwebten über unsere Köpfe hinweg, vom Kaufhaus direkt in unsere private Lagerhalle, das Schlafzimmer meiner Eltern. Wir waren nie in Gefahr, Sklaven der Konsumgesellschaft zu werden. Zum Konsumieren kamen wir gar nicht. Einmal wurde eine funkelnagelneue Saftpresse geholt, und während ich noch überlegte, welches Obst denn jetzt am besten … da war die Maschine schon verpackt. Meine Mutter brachte es fertig, in unserer Wohnung mehr zu verpacken als Christo in seinem ganzen Leben. Ich gehe sogar so weit zu behaupten, dass Christo die Idee mit dem Verpacken von meiner Mutter hatte.

Über Jahre hinweg wurde also alles verpackt. Es kam in Kartons, und in nicht allzu langer Zeit war in unserer Wohnung eine Kartonmauer gewachsen. Wir lebten auf fünfzig Quadratmetern Deutschland mit unserer eigenen Mauer. Das sind meine ganz persönlichen

Mauererfahrungen. Ich weiß genau, was es heißt, im Schatten der Mauer groß zu werden. Auf meinen Montagsdemos stand ich im Schlafzimmer meiner Eltern, rief: «Die Mauer muss weg! Die Mauer muss weg!», und verteilte Begrüßungsgeld, das keiner wollte. Vielleicht lag es daran, dass unsere persönliche Mauer nach wie vor stand wie 'ne Eins, was man von der Berliner Mauer nicht behaupten konnte.

Die Chinesen brauchten ein ganzes Land, um ihre Mauer zu bauen, Ulbricht immerhin eine ganze Stadt, aber meine Mutter, die schaffte das ganz allein – einen kompletten Mauerbau in einem drei mal vier Meter großen Schlafzimmer. Eine architektonisch einwandfrei konstruierte Mauer aus Kartons, zwischen deren Ritzen nicht mal ein Blatt Papier passte; eine einzigartige Mauer, bei deren Ausgrabung Archäologen in späteren Jahrhunderten Rätsel raten werden, warum sie aus elektrischen Haushaltsgeräten und unbenutztem Werkzeug erbaut wurde; eine undurchdringliche Mauer ohne Grenzübergänge und Schlagbäume, in deren Bauch Toaster auf Nimmerwiedersehen verschwanden; eine unglaublich hohe Mauer, deren aufeinandergetürmte Kartons oben in den Wolken verschwammen und außer Sicht gerieten. Hin und wieder fanden wir morgens rauchende Überreste von Flugzeugen, die im Dunkeln dagegengeprallt und abgestürzt waren.

In diese Welt wurde ich hineingeboren, eine Welt, in der meine Eltern sparten, verzichteten, improvisierten, das Mantra beteten, die Reise vorbereiteten, die Illusion der Rückkehr pflegten, und mittendrin: das monumentale Bauwerk meines Lebens. Diese Mauer war heilig. Meine Eltern standen immer ganz nah davor und murmelten kopfnickend: «Wir kehren zurück. Wir kehren zurück. Wir kehren zurück …»

Ich verstand nichts von alldem. Meine Aufgabe bestand darin, zu leben und zu lernen, aber was ich lebte und lernte, passte nicht zusammen. Mein Leben war ein einziger Widerspruch. Ich dachte immer: «Wohin wollt ihr zurückkehren? Ihr seid doch noch gar nicht angekommen. Lasst uns erst mal die Mauer einreißen, die Wiedervereinigung der Wohnungshälften feiern, und zu dieser Feier wird der Dicke nicht eingeladen, da geb ich euch mein Ehrenwort!»

Das Einzige, was ich in dieser ganzen Zeit wollte, war, dass meine Eltern einfach nur «ja» sagten: zu einem Leben hier, zu einem Leben jetzt, zu einem Leben mit Toastbrot.

Die Jahre zogen ins Land, es floss viel Wasser den Rhein hinunter, und ich wiegte mich schon in trügerischer Sicherheit. Wer dachte denn, dass solch eine Mauer je abgebaut werden könnte? Honecker nicht und ich auch nicht.

Doch eines Tages kam ich nach Hause, und meine Eltern verkündeten strahlend: «Junge, es ist so weit!» Ich denke noch: Jawoll! Wir packen die Sachen endlich aus, der schöne Teil des Lebens fängt an, jetzt geht's los! Ich fahnde gleich mal nach dem Waffeleisen und mache Waffeln mit Eis und Sahne und Kirschen … Den Duft schon in der Nase, fragte ich in die Runde: «Wer will ein Eis?» Mein Vater schaute mich verdutzt an: «Nee, Junge, wir kehren zurück! Jetzt!»

Ich rang einen Moment nach Luft. Ich fühlte mich wie neun Kegel, die auf einmal gelegt werden. So ähnlich muss es auch Möllemann gegangen sein, als er … na, Sie wissen schon. Ich war haltlos, im freien Fall, sah den Boden mit 150 Stundenkilometern auf mich zurasen. Ich zog die Reißleine und rief: «Hadi tschüs! Schreibt doch mal, die Adresse kennt ihr ja. Und lasst den Toaster hier!»

Aber die Reißleine funktionierte nicht. Meine Eltern waren fest entschlossen. Sie hatten den innerlichen Marschbefehl empfangen, und jetzt wurden die Truppen mobilisiert. Die Flugzeuge waren betankt, die Presse zensiert, die Zerstörer stachen in See, mein Vater hatte den Finger auf dem roten Knopf, und der Ernstfall war tatsächlich ziemlich ernst.

Ich protestierte: «Wie, ich soll mitkommen? Wie habt ihr euch das vorgestellt?»

Meine Mutter sagte: «Ganz einfach, Fatih. Wir fahren jetzt aus Deutschland weg, fahren in die Türkei, und dort gehst du dann auf eine deutsche Schule!»

Ich versuchte es mit einem Appell an die Vernunft: «Hier ein kleiner Gegenvorschlag, Euer Ehren: Ich bleibe in Deutschland und gehe in Deutschland auf eine deutsche Schule, da ist der Weg auch viel kürzer, alles sehr viel praktischer – man könnte fast behaupten, das lohnt sich!» Dieser Antrag wurde wider Erwarten abgelehnt.

Der Ernst der Lage war mir endgültig klar, als ich sah, wie meine Eltern mit entschlossenem Schritt ins Schlafzimmer marschierten und begannen, die Mauer Schicht um Schicht abzutragen und den Inhalt der Kartons in Koffer umzupacken. Kurz keimte die Hoffnung in mir auf, dass dies Jahre dauern könnte, aber meine Mutter hatte offensichtlich aus der jüngeren Berliner Geschichte gelernt. Binnen kurzem versperrte eine neue Mauer aus Koffern den Weg zur Küche, und die Erkenntnis traf mich wie ein Schlag: Hier, in dieser Wohnung, in diesem Land, würde ich nie mehr etwas zu essen bekommen. Hungertod oder Türkei, das waren meine Optionen.

Also ging ich am nächsten Tag in die Schule mit einer großartigen Botschaft: «Alle mal herhören, ich kehre zurück!»

«Was? Wohin denn? In die dritte Klasse?»

«In die Türkei, du Depp!»

«Was willste denn da?»

«Leben!»

«Wie ‹leben›? Haben die denn Captain Future und Colt Seavers?»

«Du bist ein Glückspilz! Ich hab gehört, die haben jetzt Yüksel & Yüksel!»

«Na super, ich lach mich tot.»

Auf dem Weg von der Schule nach Hause ging ich an vielen liebgewonnenen Orten vorbei: dem Kiosk, an dem ich immer Raiders gekauft hatte, dem leeren Bauplatz, wo die Magie meiner Beine dem deutschen Fußball grandiose Momente geschenkt hatte, dem Haus von Claudia, meiner ersten Liebe, die nie von meiner rasenden Leidenschaft erfahren würde. Zu spät. Der graue Kölner Himmel passte zum ersten Mal zu meiner Stimmung. Mein Leben in Deutschland war vorbei.

Vor unserem Haus stand unser alter, verbeulter Ford Taunus mit mehreren Containerladungen Koffern auf dem Dachgepäckträger. Für Uneingeweihte sah die Karre aus, als würde sie es nicht mal von Köln-Nippes bis zum Eigelstein schaffen. Doch davon ließ ich mich nicht täuschen. Ich wusste genau, was dieses Auto leisten konnte. Mein Vater hatte jedes Jahr den Ernstfall geprobt.

Aber das ist eine andere Geschichte ...

Gefangen im Taunus

Mein Vater besaß einen dunkelblauen Ford Taunus, der, ganz nebenbei, in gewissen Gefilden dieser Welt auch als Zwölfsitzer verkauft wird. Jedes Jahr, wenn wir in die Türkei fuhren, stellte mein Vater diesen dunkelblauen Ford Taunus in den Hof, verzierte ihn mit einem beeindruckenden Dachgepäckträger und packte eins, zwei, drei Koffer darauf. Da wir ziemlich lange unterwegs sein würden, steckte er jeden dieser Koffer in einen blauen Müllsack, der fein säuberlich zugeklebt und mit mehreren Expandern festgezurrt wurde. Nach Fertigstellung sah das Ganze aus wie ein ungesunder Rollbraten. Vom Rind selbstredend.

Dann wurde der Kofferraum geöffnet, bis zur Schmerzgrenze beladen und mit vereinter Anstrengung zugedrückt. Trotzdem blieb immer noch eine halbe Million von Sachen über, die unbedingt mitmussten, was meinen Vater dazu veranlasste, auch den Fußraum vor der Rückbank vollzupacken – und zwar so voll, dass wir Kinder hinten zu dritt nur im Schneidersitz sitzen konnten. Also richtig viel Platz für jeden. Auf die Rückbank gequetscht, entwickelten mein älterer Bruder und ich ein so inniges, entspanntes und liebevolles Verhältnis wie das zwischen Israel und Palästina. Mit anderen Worten: Wir gönnten uns einen Dreck. Wir erhoben beide das gleiche Recht auf dasselbe Territorium und kämpften darum bis aufs Blut, zumindest bis einer von uns weinte. Mittendrin saß mein kleiner Bruder, die USA, versuchte sich in Diplomatie: «Hey, was habt ihr eigentlich? Hört doch mal auf mit dem Scheiß, ist doch genug Platz für alle da!», und demonstrierte mit ausladenden Gesten, was er meinte – bei einer Körpergröße von eins dreißig natürlich nicht wirklich ein Problem. Ich saß da und dachte bei mir: ‹Ja, ich liebe dich auch, kleiner Prinz!›

So fuhren wir dann drei Tage dreitausend Kilometer in die Türkei. Ich wiederhole: drei Tage dreitausend Kilometer! Wenn man drei Tage dreitausend Kilometer in die Türkei unterwegs ist – noch dazu in dem alten 85er-Taunus meines Vaters –, bewegt man sich im Schnitt mit der deprimierenden Geschwindigkeit von einhundert Kilometern pro Stunde. Das bedeutet, man sitzt zehn Stunden in diesem Auto. Täglich. Das ist Yoga für Fortgeschrittene. *Drei Tage – dreitausend Kilometer.* Andere Leute nannten das Urlaub, ich nannte es ‹Gefangen im Taunus›. Drei Tage. Dreitausend Kilometer. Irgendwann fragt ein Kind so etwas wie: «Papa, kann ich mal aufs Klo?» Und er: «Junge, jetzt reiß dich mal ein bisschen am Riemen! Wir fahren doch gerade mal siebenhundertachtzig Kilometer! Nimm die Flasche!»

Ja, ein paar harmlose Worte, die eine ganze Generation von jungen reisenden Türken traumatisiert haben: «Nimm die Flasche!»

Wir hatten immer Apfelsaft an Bord, und wir Kinder hatten immer Durst. Auch mein älterer Bruder. Ich weiß heute gar nicht mehr, wie das passieren konnte. Die Flaschen ließen sich aber auch wirklich nicht auseinanderhalten. Ich sage nur: naturtrüber Inhalt. Was hätte ich machen sollen? Was hätte ich machen können? Er hatte Durst! Hätte ich probieren sollen oder ihn verdursten lassen? Bis heute glaubt er mir nicht, dass es ein Versehen war, und er ist, so scheint es, mit diesem Glauben nicht allein.

Jedes Jahr ging unsere Reise in Deutschland los, führte weiter durch Österreich, das ehemalige Jugoslawien und dann durch Bulgarien in die Türkei. Jedes Jahr wurden wir in Jugoslawien – damals war es noch nicht ehemalig – von Polizisten angehalten und schikaniert. Die wollten geschmiert werden, was keine üble Nachrede, sondern ein offenes Geheimnis ist. Das beste Zahlungsmittel damals waren Marlboro-Zigaretten.

Man stelle sich folgende Situation vor: Wir fuhren mal wieder in die Türkei, erlebten mal wieder den ganz normalen Wahnsinn auf der Strecke zwischen Belgrad und Zagreb. So wie jedes Mal sprang plötzlich ein Polizist aus dem Gebüsch und wollte uns kontrollieren. Er winkte uns heran mit den Worten: «Komşu, komşu!» (Das ist türkisch und bedeutet ‹Nachbar›, wobei ich bis heute nicht weiß, was er eigentlich damit meinte.) Jedenfalls kam unser Wagen zum Stehen, und mein Vater ließ das Fenster herunter. Der Polizist trat forsch ans Auto, sagte jedoch nichts, sondern stützte sich erst einmal mit einer Hand an der Tür ab und schaute schweigend in die Gegend. Wir warteten. Es hatte schon etwas Peinliches, wie er da so in die Prärie starrte, wo es nur die Hitze und das Flimmern der Hitze gab und sonst nichts. Dann wandte er seinen Blick langsam in Richtung Wageninneres, inspizierte unsere Familie und teilte schließlich meinem Vater mit, dass unser Abblendlicht an sei. Mein Vater, der auf den ersten Blick keine Verkehrsregelverletzung erkennen konnte, zuckte vorsichtig mit den Schultern, versuchte ein Lächeln und fragte behutsam, was es daran zu beanstanden gäbe. Daraufhin antwortete der Polizist: «Schöne Sonnenbrille!», fuhr fort mit «Schöner Kuli», um mit einem finalen «Marlboromarlboromarlboromarlboro» abzuschließen. Mein Vater – ein Mann, der wirklich nicht für Spontaneität bekannt war – konterte knochentrocken und mit todernster Miene: «Wir hätten Apfelsaft», und fügte nach einer kurzen Pause hinzu: «Eigenproduktion.» Er ließ sich von uns eine Flasche geben und reichte sie dem Polizisten durchs Fenster. Der stellte seine Beute in den Schatten und entließ uns nach erbrachtem Wegezoll.

So fuhren wir drei Tage dreitausend Kilometer in die Türkei. Und ich saß hinten im Auto. Kein Platz. Keine Luft. Eine Hitze zum Umfallen. Aber ich konnte gar nicht umfallen, weil es keinen Platz gab. Selbst wenn ich ohnmächtig geworden wäre, hätte das keiner mitgekriegt. Zwischenzeitlich hing mein Kopf mit offenem Mund im Nacken, und meine Mutter sagte lächelnd zu meinem Vater: «Guck mal, wie süß der Fatih schläft.» Kein Platz. Keine Luft. Eine Hitze zum Umfallen. Pipi machen nur auf Zuruf. Dann kommt einem schon der Gedanke: «Wo ist mein Handy?!» Gut, ich gebe zu, damals gab es noch keine Handys, aber es war wahrscheinlich der erste und letzte Moment in meinem Leben, in dem ich bitter eines gebraucht hätte, um es herauszuholen, eine geheime Nummer zu wählen und ganz vorsichtig zu flüstern: «Hallo? Hallo?! Amnesty? Ja, hallo, ich melde mich hier von einem fahrenden Guantánamo, und ich bin übrigens unschuldig. Eine Frage am Rande: Wo sind eigentlich die Blauhelme, wenn man sie braucht?!» Immer wieder habe ich mit dem Gedanken gespielt, mich in den Radkasten zu klemmen. Nur wegen des Fahrtwindes.

Eine besondere Erwähnung verdient das wunderbare Jahr, in dem die Kühlung ausfiel. Was kann man auch von einem 85er-Taunus erwarten? Natürlich streikt irgendwann irgendetwas. Streikzeit der Kühlung: zwölf Uhr mittags. Es sollte sich ja lohnen. Kurz zur Erinnerung: Unser Wagen war dunkelblau, die Jahreszeit Sommer, und wir befanden uns mitten im August. Heutzutage bedeutet das vielleicht nichts, aber damals war es immer recht kuschelig warm. Dunkles Auto, hohe Temperaturen ... der Rest ist Physik. Die Sonne bratzte aufs Dach, und im Wageninneren wurden Steinofenexperimente nachempfunden, frei nach dem Motto: Wer hat welche Garzeit? Man könnte, ohne zu übertreiben, behaupten: Wir schwitzten. Mein Vater – ein Techniker mit ausgeprägtem Sachverstand – stellte fest: «Die Kühlung ist ausgefallen. Wir machen die Heizung an! Irgendwo muss die Hitze ja hin, oder soll der Motor verbrennen?» Wir fühlten uns wie Hänsel und Gretel im Knusperhäuschen, allerdings waren wir nur Hänsels. Stell dir den Moment vor! Stell dir vor, dein Vater dreht die Heizung an. Es kommt dir heiße Luft in heißer Luft entgegen. Dein Überlebenstrieb setzt ein. Du drehst das Fenster herunter. Du steckst den Kopf hinaus. Willst nur Abkühlung. Aber von draußen kommt dir ebenfalls heiße Luft entgegen, nur schneller. Und du stirbst! Kennst du Dörrobst? Ich wurde zu Dörrobst – vermutlich nicht umsonst eine türkische Spezialität. Wenn das Ganze noch zwei Tage länger gegangen wäre, hätte ich wahrscheinlich ausgesehen wie Ötzi. Kennst du Ötzi? Das war der allererste Türke. Ötzi ... Özdemir ... Özdemeier ... Aber ich will nicht abschweifen, daher zum Schluss noch eine Preisfrage: Was ist schöner als zweitausendneunhundert Kilometer geradeaus fahren? Richtig! Einhundert Kilometer Serpentinen!

Meine Eltern wohnen in Mersin, einer kleinen Hafenstadt im Südosten der Türkei. Sie liegt hinter dem Taurus. Wie wir alle wissen, ist das ein sehr hohes Gebirge; so hoch, dass es auf dem Küstenstreifen davor nie schneit. Dort leben Menschen, die in ihrem ganzen Leben noch nie Schnee gesehen haben. Klingt komisch, ist aber so.

Nach zweieinhalb Tagen Martyrium erreichten wir besagtes Gebirge. Stell dir vor, du stehst kurz vor der Erleuchtung. Du bist fast gar. Du bist sogar bereit, Friedensverhandlungen mit Israel aufzunehmen, nur um zu überleben. Du weißt, letzter Streckenabschnitt. Fast geschafft. Vor dir liegen nur noch einhundert Kilometer Serpentinen. Schön geteert und ohne Leitplanke, denn es soll ja Spaß machen beim Überholen. Und dann fährt vor dir ein LKW her, der mit schnittigen sieben Kilometern pro Stunde die Berge hinaufschießt. Du schaust dir das Ganze kraftlos von hinten an und stellst fest, dass der LKW-Fahrer die Beladungsgrenze seines Vehikels mit orientalischem Selbstvertrauen einfach missachtet hat. Eine Buchstabenfolge schiebt sich in dein Gehirn: TÜV! Klingt vielleicht türkisch, ist es aber nicht.

So kamen wir jedes Jahr nach drei harten, aufregenden und nicht enden wollenden Tagen absolut urlaubsreif in der Türkei an und verlebten vor Ort sehr luxuriöse Ferien. Mit ‹luxuriös› meine ich, wir konnten frei wohnen, waren der Landessprache kundig und hatten sozialen Anschluss. Also *all-inclusive*. Und wir besuchten die ganze Familie. Alle Onkel und Tanten und Neffen und Nichten und Menschen sonstiger Verwandtschaftsgrade.

Aber das ist eine andere Geschichte …

Die doppelte Spaßbürgerschaft

In den grauen Vorzeiten des ausklingenden zwanzigsten Jahrhunderts war es in Deutschland möglich, die doppelte Staatsbürgerschaft zu besitzen. Die Menschen lebten unbehelligt, und alles schien in bester Ordnung zu sein. Doch dann kam das magische Datum der Jahrtausendwende. Sie wissen schon: Weltuntergangsphantasien à la Armageddon, die finale Schlacht zwischen Gut und Böse und solcher Kram. Es ist natürlich nicht bekannt, ob das den hiesigen Bundesgerichtshof irgendwie beeinflusst haben könnte, aber Richter sind ja auch nur Menschen und die Möglichkeiten des Universums ziemlich erstaunlich. Im Jahr 2000 entschied nun also dieser Bundesgerichtshof, dass die doppelte Staatsbürgerschaft nicht mehr zeitgemäß und deshalb abzuschaffen sei. Daraufhin richtete die Bundesregierung die Aufforderung an alle türkischstämmigen Bundesbürger (!), den zuständigen Behörden mitzuteilen, ob sie denn auch einen türkischen Pass beantragt hätten. Und denjenigen, die sich ehrlich und im Vertrauen auf die Rechtsstaatlichkeit ihres Handelns meldeten, sagte man dann: «Ätsch! Ausgebürgert! Wer den türkischen Pass beantragt hat, verliert automatisch den deutschen! Selbst schuld!»

Der Entscheid des BGH betrifft circa 50 000 – in Worten: fünfzigtausend – Menschen in unserem Land. Damit Sie sich das bildlich vorstellen können: fünf volle Rosenmontagszüge.

Jetzt sagt natürlich der ordentliche deutsche Staatsbürger: Du musst dich eben entscheiden. Ali oder Hans. Beides geht nicht. Wenn wir das miteinander verbinden, entsteht eine unheilvolle Alihans, ein staatlicher Hermaphrodit, ein völkerrechtliches Zwitterwesen, und als aufgeklärter Spiegelleser weiß man schließlich, dass Zwitter oft selbst nicht glücklich mit ihrer doppelten Ausstattung sind.

Also. Lieber Ali, es gilt, auch in deinem Interesse: Hans oder gar nicht!

Bei mir sieht es nun mal so aus, dass ich dieses Zwitterwesen bin. Man könnte es auch anders ausdrücken: ein Mensch mit multipler kultureller Kompetenz. Ich sehe aus wie Ali, spreche wie Hans und heiße Çevikkollu: C wie Commanditgesellschaft in der traditionellen Hanseatenschreibung, E wie Erbgut, V wie Verwaltungsrecht, I wie Innenminister, doppelt K wie Kaiserlich-Königlich, O wie Oberfinanzdirektion und so weiter.

Liebe aufgeklärte Mitbürger, wie Sie zweifelsfrei erkennen, buchstabiere ich mich deutsch, lebe in Deutschland und spreche akzentfrei die dazugehörige Sprache. Aber wenn Sie jetzt ganz spontan einen schwarzhaarigen Mann meines Namens in drei, vier Begriffen charakterisieren sollten, würde da nicht vielleicht doch das Wort «Türke» fallen? Natürlich wertfrei! Schon klar! Was glauben Sie, wie oft ich höre: «Also für einen Türken sprechen Sie richtig gut Deutsch!» Herzlichen Dank! Für einen Deutschen sind Sie ein überraschend toleranter Rassist!

Und das wäre dann meine deutsche Staatsbürgerschaft: «Herr Tschekitschokulu, für einen Türken sind Sie ein richtig guter Deutscher.» Wohlgemerkt, für einen Türken! Also rauf aufs Siegertreppchen bei den Paralympics im Staatsbürgern.

Erinnern Sie sich noch an 89? Mauerfall? Als siebzehn Millionen Deutsche auf einmal zu richtigen Deutschen wurden? Sehr schön. Wenn Sie heute, über zwanzig Jahre später, einen blonden, hoch gewachsenen Menschen sächsisch sprechen hören, denken Sie dann «Oh, schau an, dieser gesamtdeutsche Mitbürger führt mir durch seine dialektale Prägung aufs wohlfeilste die Schönheit pluralistischen Miteinanders in unserer geeinten Nation vor Augen» oder doch eher «Au Kacke, Ossi»?

Vermutlich wird dieser Mensch Ihnen über sein Selbstverständnis sagen, dass er natürlich ein Deutscher und natürlich ein Sachse ist. Und es wäre doch absurd und unmenschlich, wenn er sich entscheiden müsste, wahlweise seine Staatsbürgerschaft oder seine Herkunftsbürgerschaft abgeben zu müssen. Doch genau das ist die Entscheidung, die ich treffen soll: Deutscher oder Türke! Und darum sehne ich mich nach der doppelten Staatsbürgerschaft – nicht aus dem Wunsch, daraus Vorteile zu ziehen oder ein staatsrechtlicher Übermensch zu werden. Nein, ich möchte einfach zu dem Land gehören, in dem ich lebe, und ich möchte zu dem Land gehören dürfen, mit dem ich ohnehin immer identifiziert werden werde.

Wenn Sie jetzt der Ansicht sind: «Hach, der ist aber empfindlich, so schlimm ist das doch gar nicht», stellen Sie sich Folgendes vor: Ich gehe in Brandenburg oder Niedersachsen spätabends so lange allein durch einen Park, bis mich ein paar freundliche Mitbürger mit festem Schuhwerk und amerikanischen Holzsportgeräten höflich auf meine eventuelle Andersartigkeit hinweisen. Dann greife ich in meine Tasche, sage: «Haltet ein, meine Landsleute, denn ich bin stolz, ein Deutscher zu sein!», und zeige den Jungs meinen deutschen Pass. Der Anführer schaut hinein und erwidert galant: «Oh, Entschuldigung, lieber Herr deutscher Mitbürger Çevikkollu, da wäre uns doch fast ein zwischenbürgerliches Missgeschick passiert! Einen schönen Abend noch!»

Wenn mir das irgendwann passiert, liebe Freunde in Karlsruhe, denke ich vielleicht noch einmal darüber nach, ob es für mich möglich ist, ein ordentlicher Deutscher zu werden.

Der Integrator

Am Anfang war der Ort.

Genauer gesagt, Köln-Nippes, wo ich zur Welt kam als Sohn einer rechtschaffenen türkischen Familie. Ziemlich bald stellte ich fest, dass dieser Ort und ich nicht miteinander spielen durften. Nur gucken, nicht anfassen. Ich fühlte mich wie ein Jude unter Christen, und das als Moslem. Aber warum nur? Was hatten die anderen, das ich nicht hatte? So viel kann man an der Vorhaut auch nicht aufhängen.

Eines Abends, als ich meiner Mama beim Abwasch half, hörte ich den damaligen Kanzler Kohl aus dem Fernsehen nuscheln. Ich verstand einzig und allein das Wort ‹Integration›, und für einen Moment hörte die Welt auf, sich zu drehen. Instinktiv spürte ich: *Das* war der Schlüssel zu einem besseren Leben. Ein Leben als Deutscher.

Meine Sehnsucht war geweckt durch diesen sympathischen dicken Onkel im Fernsehen. Ich würde dazugehören! Mitspielen dürfen! Ich musste nur ein Deutscher werden. Aber wie?

Eine jahrelange Feldforschung nahm ihren Anfang. Die zentrale Leitfrage lautete: Was ist typisch deutsch?

Nun könnte man ganz leicht in die Aufzählung einer Unzahl von Dingen verfallen, wie zum Beispiel Gartenzwerge, Laubsägen oder Stahlhelme. Auch wenn da etwas Wahres dran ist, fand ich keine Befriedigung in diesen Beobachtungen. Typisch deutsch ist: die Lust am Recht auf Empörung. Ich bitte zu beachten, dass es sich hierbei um eine Lust handelt – will sagen, die kleinste Aussicht auf eine berechtigte Beschwerde löst beim Deutschen ein Gefühl nahezu sexueller Erregung aus. Er stößt ein triumphales «Das ist ja unerhört!» aus, steckt sich die Zigarette danach an und fragt sein Gewissen: «Na, wie war ich?»

Die Ergebnisse meiner Feldstudie wiesen mir den Weg. Ich war optimal auf die Mission vorbereitet. Mit eiserner Disziplin hatte ich das Trainingscamp durchlaufen. Während der Rest der Sippe vom Kümmeltürken zum Topterroristen mutierte, schloss ich den Moslem-TÜV mit *summa cum laude* ab: Ich zerlegte Deutschland in 0,7 Sekunden souverän in seine Mittelgebirge, wusste sofort, wer Caspar David Friedrich ist – ich hatte ja alle seine Platten im Original (Schellack) –, und ließ mir den Artikel 1 des Grundgesetzes in Fraktur auf den Unterarm tätowieren. So erscheint der starke Arm des Gesetzes in ganz neuem Licht.

Ich weiß es noch wie gestern: der Moment, als ich eingebürgert wurde und das Grundgesetz zum ersten Mal in den Händen hielt. Danach sollte nichts mehr sein, wie es vorher gewesen war. Der Bezirksamtsvorsteher reichte mir ein unscheinbar wirkendes, dünnes Buch. Nichtsahnend griff ich danach, und es durchfuhr mich wie ein Blitz: Die Macht war mit mir.

Doch die tiefere Bedeutung dessen sollte sich mir erst später erschließen.

Viel später …

Ohne zu übertreiben, konnte man behaupten, dass ich es geschafft hatte. Das Kalifat Köln-Nippes war um eine schillernde Figur reicher: Ich war *Der Integrator*.

Der Prozess der De-Türkisierung war zugegebenermaßen schon weit vorangeschritten, doch wähnte ich mich noch im Vollbesitz meiner osmanischen Kräfte. Ich begrüßte meine Freunde mit meiner gewohnten Kusskombination, tanzte den Halay im Stechschritt und berauschte mich ausschließlich an Ayran. Es schien, als hätte ich die Quadratur des Kreises geschafft: Ich war ein voll integriertes Mitglied der deutschen Gesellschaft. Die Metamorphose meines Lebens war vollzogen; mein türkischer Migrationshintergrund fügte sich harmonisch in die rheinische Tiefebene ein. Im Vordergrund stand mein Bekenntnis zur freiheitlich-demokratischen Grundordnung.

Alles hätte so schön sein können. Aber ich hatte die Risiken und Nebenwirkungen nicht bedacht; ich sagte meinem Arzt, er sei

Apotheker. Ich hatte den Einbürgerungsantrag leichtfertig unterschrieben, ohne auf das Kleingedruckte zu achten … In meiner unschuldigen Naivität war ich meinem Trieb gefolgt, einer von ihnen sein zu wollen. Nun war die ethnische Stoiberung vollzogen: Ich war Deutscher auf Lebenszeit. Es gab kein Zurück.

Die demütigende Einsicht in diese Mutation offenbarte sich mir im Einkaufsalltag eines Supermarktes.

Letztes Jahr im Mai besuchte ich meine Mutter, die vor zehn Jahren in die Türkei zurückgekehrt war. Mutter wollte einen runden Tisch für ihren Balkon haben und hatte eben einen solchen im Prospekt von *Carrefour* gesehen. Nun muss man dazu schreiben, so einen Laden wie *Carrefour* kennen wir hier in Deutschland gar nicht. Dieser Supermarkt ist riesig. Er ist so groß, dass, wenn du an der ersten Kasse stehst, du die letzte Kasse gar nicht sehen kannst, weil die Erde nun mal keine Scheibe ist. Der Laden ist so groß, dass, wenn du von einer Abteilung in die nächste willst, du mit dem Bus fahren musst, und die Distanzen sind so weit, dass dieser Bus zwischendurch an Raststätten hält, an denen kleine Kinder Tee servieren. Man erzählt sich die Legende, dass diese Kinder im Supermarkt geboren wurden und nur die Welt zwischen Lederwarenartikeln und Haushaltsgeräten kennen.

In diesem Laden stand ich also nun mit meiner Mutter, und wir warteten darauf, bedient zu werden. Ich stand nicht mit irgendwem da und wartete, nein, ich stand da mit meiner Mutter. Das ist nicht deine Freundin oder Frau oder sonst jemand, nein, es ist deine Mutter: Das ist die Frau, die sich morgens auf die Daumen spuckt, um dir die Augenbrauen glatt zu ziehen; deine Mutter: Das ist die Frau, die dich beim Hosenkauf fragt, ob dir die Hose passt, um dir dann im selben Moment mitten im Geschäft beherzt in den Schritt zu greifen, um nachzuschauen, ob da wirklich genug Platz ist.

Da stand ich also mitten in diesem Laden mit meiner Mutter, und wir wollten einen Tisch in der Gartenabteilung kaufen. Um uns herum wimmelte es nur so von Personal. Nur fühlte sich – wie es schien – keiner zuständig. Nach zehn Minuten wandte ich mich an einen der Verkäufer und bekam nur ein «Das ist nicht meine Abteilung!» zu hören. Als ich einen weiteren teilnahmslosen Mitarbeiter zu fassen bekam, eröffnete mir dieser, dass er jetzt in der Pause sei. Inzwischen waren bereits über zwanzig Minuten vergangen. In meiner Verzweiflung unternahm ich einen letzten Versuch und bekam wieder die Pausengeschichte zu hören, wobei dieser Verkäufer so freundlich war, einem weiteren Mitarbeiter Bescheid geben zu wollen. Ich bedankte mich mit den Worten: «Der hat auch Pause!»

Mittlerweile hatten wir die Dreißig-Minuten-Marke deutlich überschritten. Plötzlich spürte ich ein unbestimmtes Kribbeln im Bauch, und ein unbekanntes Gefühl nahm von mir Besitz. Auf einmal hörte ich mich, mitten in diesem Laden, mitten in der Türkei, Tausende Kilometer von der Heimat entfernt, folgende Worte sagen: «Das geht entschieden zu weit ...! Bei Ihnen piept's wohl ...! Wenn das hier jeder machen würde ...! Jetzt schlägt's aber dreizehn ...! Das ist ja unerhört ...! Was glauben Sie eigentlich, wer Sie sind ...! Ich möchte so-fort! den Geschäftsführer sprechen ... Freundchen!»

Das gesamte Personal stand in einem großen Kreis um uns herum, und ich hörte nur noch, wie einer sagte: «Was macht denn der Deutsche hier?!»

Das war aus mir geworden, aus meinen unschuldigen Wünschen, mitspielen zu wollen. Ich spürte das schwere Atmen Helmut Kohls im Nacken und erkannte zu spät: Es war die dunkle Seite der Macht.

Das Imageproblem

Wenn man im Fernsehen spielt – auch wenn man nur in einer unbedeutenden Comedy-Serie im Privatfernsehen auftaucht –, wird man auf der Straße erkannt. Das liegt in der Natur der Dinge. Da geschieht es, dass Menschen einen ansprechen, und normalerweise kommt ein harmloser Dialog zustande, der ungefähr so abläuft: «Entschuldigung, sind Sie nicht …?» – «Ja, der bin ich.» – «Danke, tschüs!»

Das klingt im Türkischen übrigens genauso: «Affedersiniz, siz o televizyondaki arkadaş değil misiniz?» – «Evet, benim.» – «Teşekkür ederim, hadi tschüs!»

Zuweilen aber hat man sehr sonderbare Begegnungen. Einmal sprach mich ein Mann an mit den Worten: «Darf ich Ihnen mal eine persönliche Frage stellen?»

Ich sagte: «Nur zu, jetzt, wo wir Freunde sind!»

Er schaute mich an und wurde plötzlich konspirativ: «Sagen Sie mal, geht Ihnen das nicht total auf den Sack, die ganze Zeit für Atze Schröder den Doof zu machen?»

Ich war etwas überrascht von so viel feinsinnigem Interesse. «Ja, das geht mir total auf den Sack! Und wissen Sie, jeden Abend, wenn ich diesen Sack dann zur Bank bringe, denke ich mir: Es ist furchtbar, aber es geht!»

Ein anderes Mal stand ich in einer Buchhandlung, als mich jemand mit einem wahrhaft denkwürdigen Wortschwall überfiel: «Entschuldigen Sie bitte, ich möchte Sie wirklich nicht stören, aber ich hätte da mal eine Frage. Ich möchte diesen Moment jetzt einfach nutzen, wir werden uns wahrscheinlich so schnell nicht wiedersehen, und ich würde mich später vielleicht sogar ärgern, dass ich den Mut nicht aufgebracht hatte, Sie anzusprechen. Ganz unter uns, normalerweise mache ich so etwas nicht. Nun gut, die Frage, die ich an Sie hätte, ist übrigens nicht von mir. Sie ist von meiner Frau. Jaja, die glaubt das. Für mich ist das sonnenklar, das kann ja gar nicht sein, ich meine, ich kann das hören, ich kann das sehen, das ist völlig ausgeschlossen. Aber gut, meine Frau ist da anderer Meinung, und vielleicht können Sie uns da Licht ins Dunkel bringen. Verstehen Sie mich nicht falsch, die Frage kann ganz leicht missverstanden werden, aber wir bewundern Ihre Kunst. Sie müssen auch nicht antworten, nun gut, ich frage Sie jetzt einfach, und bitte nicht beleidigt sein: Sind Sie *wirklich* Türke?»

Ich war auf alles vorbereitet, aber nun das! Der Typ meinte es ernst! Ich stand da, wusste nicht mehr weiter und fühlte mich ein bisschen wie der Elefantenmensch. Sie wissen schon, der immer sagt: «Ich bin auch ein Mensch!»

Aber mal ehrlich, was soll man da antworten? «Sind Sie wirklich Türke?» – «Nee, ich spiele das nur. Ich bin Schauspieler. Die Haare sind gefärbt, ich trage Kontaktlinsen, und das mit dem osmanischen Profil war ein chirurgischer Eingriff – Auflage vom Arbeitsamt. Ich musste mich entscheiden: entweder Türke oder arbeitslos, beides zusammen ging nicht. Und an die vielen Haare auf der Brust gewöhnt man sich mit der Zeit.»

«Ach, Sie sind Schauspieler? Ich wusste ja gar nicht, dass bei euch Türken auch Schauspieler ... eh ... oh ... Da hätte ich aber noch eine Frage, sagen Sie mal, wenn Sie jetzt als ... eh ... ich meine, Sie als Migrationshintergrund ... ich meine, Sie als Mensch hier in der zweiten und dritten Klasse ... eh ... ich meine Generation ... ich weiß doch auch nicht ... ich will doch nur, also, Sie als Bürger ohne Rechte ... eh, ich meine, Sie als Bürger mit beschnittenen Rechten, oh nein, ich meine ... o Gott, jetzt verstehen Sie mich nicht falsch, ich meine, Sie als ... Türke ... Das ist nicht böse gemeint, ich war auch schon mal in der Türkei, schönes Land übrigens. Ich glaube auch nicht, dass Sie kriminell sind, also wenn Sie jetzt als ... Sie als Sie ... wenn Sie jetzt eine Schwester hätten, dürfte die das denn auch?»

Ich musste lachen. «Nee, die wird bei uns geschlachtet!»

Und er, ohne mit der Wimper zu zucken: «Das habe ich mir schon gedacht, wissen Sie, hört man ja immer wieder. Sagen Sie mal, da hätte ich jetzt aber noch eine Frage, ich meine, wo wir uns grad so schön unterhalten. Sagen Sie mal, wenn Sie jetzt hier heiraten, nicht wahr, dann wollen Sie doch erst mal hier mit unseren deutschen Frauen mal so richtig schön ... na, Sie wissen schon. Das erwartet man ja auch von Ihnen, das ist ja ein anderer Kulturkreis, so sind Sie ja auch erzogen. Wir würden sagen ‹sich die Hörner abstoßen›. Ich weiß nicht, was Sie dazu sagen ... eh, vielleicht ‹kultureller Auftrag›? Na jedenfalls, die Frage ist, wenn es dann bei Ihnen ernst wird, wenn es um die Zukunft geht, wenn Sie Kinder haben wollen, wenn Sie heiraten ... eh ... dann wollen Sie aber eine Jungfrau. Das müssen Sie ja, so sind Sie ja erzogen. Am besten eine frisch verpackt aus Ihrem Dorf nur für Sie ... eh ... Wollen Sie 'ne Jungfrau Sie wollen doch 'ne Jungfrau wollen Sie 'ne Jungfrau Sie wollen doch 'ne Jungfrau wollen Sie nicht 'ne Jungfrau?!»

Diesmal ließ ich die Fassungslosigkeit aus. «Nee, ich bevorzuge Krebse!»

Was willst du da sagen, wenn so eine Intelligenzbestie vor dir steht? Ein Demokrat. Ein Europäer. Ein Mitglied der modernen Gesellschaft, frei von Vorurteilen. Ein Nobelpreisträger. Und unser Land ist voller Nobelpreisträger und Bundestrainer. Was willst du da sagen?

«Ja, aber nur wenn sie eine schöne Moooscheee hat!»

«Eh ... das mit der Moschee hab ich jetzt aber gar nicht verstanden. Ist das so bei Ihnen? Wollen die deshalb so viele hier bauen? Nee, ich respektier das, aber ich muss wirklich sagen, *Sie* sind ganz anders als die anderen!»

«Danke schön, und Sie sind wie alle anderen.»

Begegnungen wie diese zeigen mir ganz deutlich: Der Türke hat in Deutschland ein Imageproblem! Imageproblem ist klar, oder?

Wenn ich jemanden kennenlerne, ist es nur eine Frage der Zeit, bis dieses Gegenüber so etwas äußert wie: «Sie sprechen aber richtig gut Deutsch!» Ich lächle dann ganz freundlich und sage höflich: «Danke schön. Ich wünschte, ich könnte dasselbe von Ihnen behaupten!»

Da ist es, das Imageproblem! Ich gehe gerne aus – tanzen, trinken, feiern, flirten, alles, was das Herz so begehrt –, aber als Türke hast du ein Imageproblem. Du bist ein schlechtes Produkt. Keine Verkaufszahlen auf der ‹Sländer›-Liste der Ausländer – dort stehst du ganz unten, und ich meine *ganz*, ganz unten.

Auf den vorderen Plätzen finden sich die besseren Ausländer. Da ist der Italiener, natürlich, das kann dir jeder bestätigen. Das Land, die Leute, die Mode (Frauen sagen an dieser Stelle immer: «Ja, die Schuhe!»), die Kunst, die Kultur, die Musik, die italienische Oper, Verdi, Puccini, Berlusconi ... Nimm, was du willst. Auch die italienische Sprache ist ganz weit vorn. Der Italiener kommt an und haucht ein «Ciao bella, amore mio, molto gentile ...», und die Frauen seufzen gleich: «Mmmh, wenn der Luigi spricht, das klingt wie Musik. Das ist so schön!» Da kannst du als Türke nicht mithalten. Was willst du sagen? Etwa «güle güle»?

Wer liegt noch weiter vorn als der Italiener? Richtig, der Latino. Latin Lover – super Klischee. Der kommt einfach nur an mit seinem «Hola chica, fiesta, Salsa y Merengue, isch tanze mit dir, isch mache disch verrückt ganze Nacht!» Und die chica steht daneben und säuselt so was wie: «Mmmh, Salsa tanzen macht mich immer so glücklich!», und ist hin und weg.

Gut, die Wirkung von Salsa haben die Türken inzwischen auch schon herausgefunden. Es gibt keine Salsa-Party ohne Türken, und jeder, der schon einmal auf einer Salsa-Party war, wird das bestätigen können. Für diejenigen, die noch nicht einmal die Musik kennen: Salsa ist der südamerikanische Schuhplattler, also Volksmusik. Da fällt mir ein: Das letzte Mal, als ich eine Frau fragte, ob sie schon mal auf einer Salsa-Party war, sagte sie ganz zackig preußisch: «Jawoll!» Ich bin bei dieser Antwort richtig zusammengezuckt. Kein Wunder, dass deutsche Frauen beim Paartanz den Führungsanspruch stellen.

Du erkennst sofort, wenn der Ali den Tanzsaal betritt.

Entschuldigung, wir Deutschen nennen alle Türken Ali. Das ist einfacher, die sehen alle gleich aus, und die sollen sich mal nicht so anstellen. Echt.

Und wir Türken nennen alle Deutschen Hans. Das ist einfacher, die sehen alle gleich aus, und die sollen sich mal nicht so anstellen. Echt.

Nicht zu vergessen: Wir Deutschen nennen alle türkischen Frauen Ayşe. Hat sich so ergeben. Kennste eine, kennste alle. Ist doch so.

Und wir Türken nennen alle deutschen Frauen Helga. (Wissen Sie, was an dieser Stelle im Publikum meistens passiert? Bei Ayşe machen alle «ha ha ha» und bei Helga «ho ho ho». Mit Unterton, so nach dem Motto: Der junge Mann scheint zu vergessen, dass er hier *zu Gast* ist! Du bist Deutschland, und ich bin dein Fatihland.)

Aber zurück zur Musik. Da kommt der Ali also in die Salsa-Disco, und du erkennst ihn schon an seinem Gockel-Gang. Dann hält er Ausschau nach einer Helga und sagt so was wie: «Entschuldigun', mein Name Carlos. Wollen Sie eine kileine Schütük Salsa mahen?» Und die Helga: «Na klar, Carlos. Weißt du, Carlos, Salsa tanzen macht mich immer so glücklich.» Der Ali schaut der Helga tief in die Augen, ruft «Kommen Sie! Tanzen Sie!» und stampft mit einer wilden Mischung von Sirtaki und Riverdance davon. Seitdem heißt er in seiner Clique auch ‹Salsa-Ali›.

Da hat übrigens jeder seinen Namen. Es gibt ‹Kickbox-Kenan›, ‹BMW-Bülent› und ‹Heroin-Hasan›. Worauf ich hier eigentlich hinauswill: Man schmückt sich mit fremden Federn, um dem Imageproblem zu entkommen, aber man hat keine Chance.

Das Imageproblem ist so groß, dass du, selbst wenn du einen Türken willst, lieber einen Griechen nimmst, denn der Grieche ist ein Türke als Christ. Ja, das tut mir auch weh, und wenn es weh tut, hat es meist mit der Wahrheit zu tun; es heißt ja auch Zaziki und nicht Cacık. Denk mal drüber nach!

Aber wer ist der King im Ring? Wer ist der Chef an der Schüppe? Wer ist der beste Baggerfahrer überhaupt? Ein zehnjähriger Junge würde jetzt vermutlich sagen: Bob der Baumeister! Und er hätte recht, denn in seiner Welt stimmt das mit Sicherheit. Alle Single-Frauen fragen sich jetzt: Wer ist dieser Bob?

Also noch einmal: Wer ist der Weltmeister? Wer ist der Beste, der Größte, der ungekrönte König der Ausländer? Wer ist der Ungeschlagene? Wer kriegt sie alle?

Genau! Es ist der Brasilianer.

Du sagst ‹Brasilien›, und ein Teil der Leser entspannt sich auf der Stelle – doch das sind nicht die Männer. ‹Brasilien› ist nämlich ein anderes Wort für ‹Verkehr›, was wiederum bedeutet, dass das Wort ‹Fremdenverkehr› beim Brasilianer eine ganz neue Definition bekommt. Wir sprechen da vom ‹mobilen Kreisverkehr›.

Ganz nebenbei: Die Brasilianer wissen das. Sie haben das nötige Ballgefühl, sie fummeln nicht lange, sie schießen direkt aufs Tor. Da steht unsereins im Abseits beziehungsweise in der Abseitsfalle der Gesellschaft. Oder nimmt direkt auf der Ersatzbank Platz.

Aber neues Spiel, neues Glück: Wir kämpfen für den Aufstieg.

Güle güle Goethe!

Sind Sie Türke? Ja? Efendim, Hoş geldiniz! Bu kitabı almanız beni gerçekten çok sevindirdi. Umarım, bir gün de Türkçe programıma gelirsiniz. Ach so, Sie sind kein Türke? Das war gerade eine versteckte Botschaft an meine Glaubensbrüder.

Dann frage ich mal andersherum: Sind Sie der türkischen Sprache mächtig? Nein? Warum nicht?

Mal überlegen – wie lange leben wir schon hier? Na ja, so vierzig, fünfzig Jahre, da hat man ja gar keine Zeit, sich aneinander zu gewöhnen.

Wir Deutschen wurden in der jüngsten Vergangenheit doch immer wieder gefragt: Ihr lieben Deutschen, seid ihr alle da? Ja? Aber nicht mehr lange! Das habe ich mir jetzt nicht aus den Fingern gesogen, nein, das ist die demographische Entwicklung in diesem Land, und deshalb behaupte ich: Ein Sprachkurs in Türkisch ist eine Investition in die Zukunft! Es ist doch nur noch eine Frage der Zeit, bis ein Türke auch in Ihrer Familie auftaucht.

Was wollen Sie dann sagen? Güle güle? Das heißt übrigens ‹Auf Wiedersehen› und ist kein guter Einstieg in die Beziehung zu Ihrem Schwiegersohn oder Ihrer Schwiegertochter.

In Sachen Wirtschaft haben seinerzeit unsere Väter die Ärmel hochgekrempelt und für den wirtschaftlichen Aufschwung mitgesorgt. In Sachen Kultur sind wir auch ganz gut aufgestellt – ich sage nur Byzanz! Das ist doch hoffentlich ein Begriff, oder haben wir hier ein PISA-Problem? Und das mit den Geburtenzahlen kriegen wir auch noch hin. Wir arbeiten dran. Mit Hochdruck.

Will sagen: Sie können nicht wissen, wann Sie die türkische Sprache brauchen werden, aber dass dieser Tag mit jeder verstreichenden Sekunde näher rückt, ist nicht von der Hand zu weisen. Die Einschläge kommen näher.

Es gibt Menschen, die bei diesen Gedanken beleidigt sind, frei nach dem Motto: «Bei dem piept's wohl! Jetzt schlägt's aber dreizehn! So weit kommt es noch. Sollen die doch erst mal anständig Deutsch lernen und dann …»

Dieselben Menschen lernen gerne Italienisch, Spanisch oder Französisch, aber diese Sprachen haben ja auch einen ganz anders gearteten Sprachmarktwert. Da flötet die Mutter auf der Familienfeier: «Unsere Katharina Johanna geht jetzt in einen zweisprachigen Kindergarten, mit Französisch! Das ist solch eine kulturelle Bereicherung für die ganze Familie. Komm her, chérie, sag der Tante bonjour!» Ist das nicht süß? Jetzt stellen Sie sich das Ganze mal mit einer anderen Sprache vor: «Olaf Nils, sei ein lieber Junge und sag deiner Oma diese wunderschöne Sure in Arabisch auf, die du im Islamkundeunterricht gelernt hast!»

Dieselben Menschen, die es so herrlich bunt und reizvoll finden, dass in New York die verschiedenen Einwanderer – Chinesen, Puerto-Ricaner, Klingonen – ihre Läden, Essgewohnheiten, Gegenden und Sprachen haben, schreien entsetzt: «O Gott, die verbarrikadieren sich in einer Parallelgesellschaft!», wenn ein türkisch-deutsches Schulkind zu einem anderen türkisch-deutschen Schulkind «Öğretmenimiz salak» sagt. Natürlich ist es eine beunruhigende Entwicklung, wenn minderjährige Nachwuchsterroristen schon auf dem Schulhof eine Geheimsprache sprechen.

(«Öğretmenimiz salak» heißt übrigens «Unsere Lehrerin ist blöd» – für die Einsprachigen unter uns, die es schon wieder mit der Panik zu tun bekommen haben.)

Normale, friedliche Menschen werden auf Dauer ein wenig unmutig, wenn die Sprache ihrer Eltern und ihrer Kultur ständig als minderwertig dargestellt wird; eine Sprache, die Dichter wie Nazım Hikmet, Yaşar Kemal und Yunus Emre hervorgebracht hat. Kennen Sie nicht? Ich sage ja: PISA-Problem. Deutsche Schulen stehen im internationalen Vergleich ungefähr dort, wo sich der 1. FC Köln befindet.

Erziehungswissenschaftler weisen Bildungspolitiker seit Jahren darauf hin, wie wichtig es für die Lernentwicklung eines Kindes ist, früh eine zweite Sprache zu lernen. Doch dann kommen die Integrationspolitiker und sagen: «Ja, aber nur, wenn es sich nicht um Türkisch handelt! Türkisch gilt nicht!»

Im Türkischen gibt es ein Sprichwort, das da lautet: Bir lisan, bir insan. Das heißt so viel wie: Jede Sprache ist ein Mensch, und es bedeutet, jeder Mensch, der eine Sprache spricht, hat eine Kultur, eine Welt in sich, und jeder, der eine weitere, eine andere Sprache spricht, noch eine andere weitere Welt und Kultur. Sprache als Reichtum und nicht als Beleidigung.

Aber zum Trost für alle, die eine deklassierte Sprache wie Urdu, Türkisch oder Kisuaheli sprechen: Manche Sprachen rücken plötzlich vor auf der Sprachmarktskala. Chinesisch zum Beispiel. Dabei geht es allerdings weniger um Kultur als um neue Märkte. Aber geht es nicht immer nur darum? Warum ist die Computersprache wohl Englisch? Stellen Sie sich vor, Bill Gates wäre Türke, dann hieße Microsoft Küçük yumuşak (‹Kleinweich› auf Türkisch und keine versteckte Botschaft, Sie wissen schon, an wen).

Wie gesagt, vielleicht wäre es eine gute Idee, mehr türkische Worte als ‹Döner› zu beherrschen. Würüm? Dürüm!

Jeder, der schon einmal Italienisch oder Französisch gelernt hat, weiß, dass es von Vorteil ist, die Sprache in dem Land zu lernen, in dem sie auch gesprochen wird – in unserem Fall wäre das in Berlin-Kreuzberg oder Köln-Mülheim, nein, Blödsinn, ich meine natürlich Istanbul oder Ankara.

Wenn Sie jetzt mit einem weisen Blick in die Zukunft einen Sprachkurs in Türkisch belegt haben, zum Beispiel beim Goethe-Institut in Istanbul – und wir alle wissen, welch ausgesuchte Sprachinstitution das Goethe-Institut darstellt –, dann möchte ich es mir nicht nehmen lassen, allen Sprachstudenten einen guten Rat mit auf den Weg zu geben (selbst Jan Ullrich wusste schon, gutes Rad ist teuer): Sie dürfen auf *keinen Fall* in den Straßen von Istanbul nach dem Goethe-Institut fragen!

Wenn ich auf keinen Fall sage, dann meine ich auch auf keinen Fall.

Denn das Goethe-Institut heißt in der Türkei nicht Goethe-Institut.

Es heißt anders ... denn ‹Göt› bedeutet auf Türkisch ‹Arsch› – ja, das tut mir leid. Es kommt noch besser: ‹Göte› heißt nämlich ‹für ’n A...› – so, jetzt ist es raus.

Deshalb nennt man das Goethe-Institut in der Türkei logischerweise nicht ‹Goethe-Institut›, sondern ‹Alman Kültür Merkezi›, also ‹Deutsches Kultur-Zentrum›.

Jetzt könnte man es, wenn man wollte, auf die einfache Formel reduzieren: Deutsche Kultur gleich ‹Göte›, aber ich will das nicht. Ich liebe mein Land und meine Leute. Ich will nicht, dass solch ein Schindluder und Schabernack mit meiner Sprache getrieben wird, solch ein Mummenschanz. (Wenn ich aber weiter denke über des Meisters Hauptwerk, über Goethes Lebenswerk *Faust* ... Ich lasse Sie damit jetzt mal allein.)

Sollten Sie trotzdem wider besseres Wissen in den Straßen von Istanbul nach dem Goethe-Institut fragen, kann es sein, dass Sie in einem Etablissement landen, in dem Sie gar nicht landen wollen – es sei denn, Sie handeln vorsätzlich. Ansonsten machen Sie mich nicht verantwortlich, denn ich habe Sie gewarnt.

Grüne Männchen

Kennst du das Gefühl, wenn du abends Auto fährst und plötzlich irgendwo die Polizei siehst? Da gibt es immer eine innere Bewegung. Egal, wie klein sie ist – sie ist da. Egal, ob nur du sie mitbekommst – sie ist da. Wenn du bei einer solchen Nachtfahrt einen Streifenwagen sichtest und feststellst, der Bulle darin interessiert sich nicht so sehr für dich wie für die Bullette neben sich, weißt du: Alles ist gut. Wenn du aber in den Rückspiegel schaust und die Polizei bildfüllend darin erscheint, weißt du: Sie meinen *dich*.

Es dauert meist nicht lange, bis die Verfolger ihre ganz eigenen Lichtfestspiele starten. Spätestens dann ist dir klar, du musst anhalten. Das Schöne an der Situation: Du kannst anhalten, wo du willst, sogar mitten auf der Kreuzung, denn solange die Jungs mit ihrer Disco hinter dir stehen, wird sich niemand beschweren. Ungelogen.

Ich weiß, wovon ich rede. Wenn die Dinge ihren ganz eigenen Lauf nehmen. In meinem Fall stieg der Polizist aus seiner Bullenschaukel, kam ans Auto und meinte: «Guten Abend, allgemeine Verkehrskontrolle. Ihren Führerschein und Fahrzeugschein bitte.» Ich sagte freundlich: «Herr Wachtmeister, ich habe meinen Führerschein leider nicht dabei, und wo die Papiere sind, das schauen wir jetzt mal.» Der Polizist blickte mich leicht befremdet an, aber da sprang schon mein Kollege ein, der mit im Auto saß, und wollte die Situation entschärfen. Ich weiß wirklich nicht, wieso er glaubte, dass er dazu in der Lage sei, doch er griff auf das reichhaltige Arsenal seiner diplomatischen Fähigkeiten zurück und erklärte beschwichtigend: «Herr Wachtmeister, wir kommen gerade von einem Auftritt!» Ein ganz großartiger Spruch, wie ich fand, für den es einen passenderen Zeitpunkt gar nicht hätte geben können. Der Polizist – nun besonders gespannt – schaute skeptisch drein und erlaubte sich die Frage: «Von was für einem Auftritt kommen Sie denn?» Da saß ich in diesem

Auto, am offenen Fenster stand die Staatsgewalt. Ich schaute zurück und sagte: «Wir sind Komiker.» Der Uniformierte, auch nicht von schlechten Eltern, antwortete kühl: «Ich lach gleich mit!»

Das Spiel war eröffnet. Ohne Bandagen. Doch bevor ich noch irgendetwas beisteuern konnte, hatte sich schon wieder unser Chefdiplomat von der Rückbank eingeschaltet und meinte: «Herr Wachtmeister, das ist doch der Fatih. Der ist oft im Fernsehen, kennen Sie den nicht? Fatih Fernsehen, Fernsehen Fatih, Fatihfernsehen ...» Wenn er das noch einmal gesagt hätte, wäre er ein toter Mann gewesen. Die Schwierigkeit bestand nur darin, es wie einen Unfall aussehen zu lassen.

Der Polizist starrte mich daraufhin an. Eine Frage am Rande: Gibt es in der Polizeiausbildung ein Fach, das ‹Wie man Probanden in der Verkehrskontrolle niederstarrt› heißt? Denn die Polizisten starren dich immer an. Immer. Eiskalt, endlos, ohne zu zwinkern. Manchmal habe ich das Gefühl, wenn so ein Polizist dich länger anstarrt, bist du am Ende der Nacht illegal.

Nach einer längeren Polizeistarre sagte jedenfalls mein Polizist: «Sie kommen mir auch irgendwie bekannt vor.» Das bedeutete nichts Gutes – nicht in meinem Fall. Und er weiter: «Kann ja sein, dass die Leute aus dem Fernsehen auch keinen Führerschein haben. Sie müssten sich jetzt schon mal ausweisen.»

Ich vergewisserte mich, dass Miss Marple auf der Rückbank die Backen hielt, und setzte noch einmal ruhig an: «Herr Wachtmeister, ich habe meinen Führerschein – wie schon eingangs erwähnt – in meinem Portemonnaie zu Hause vergessen. Das tut mir außerordentlich leid, und wo die Papiere von diesem Wagen sind, weiß ich nicht. Dieser Wagen gehört nicht mir.» Der Polizist schaute mich triumphierend an und sagte: «Da hammas ja!» *(Hierbei handelt es sich um einen berühmten arabischen Terroristen, dessen Brüder Dahammasschon und Dahammasjawieda heißen; einschlägig bekannt als die sogenannten Hammas-Brüder – Anmerkung der Redaktion.)* Nach einer kurzen Pause sagte der Bulle dann tatsächlich: «Da hammas ja wieda! Wem sein Auto ist das denn?» Fast hätte ich ihn korrigiert, sah aber in Anbetracht der Tatsache, dass er mein freundliches Angebot der Grammatik-Nachhilfe womöglich falsch verstehen könnte, davon ab und erklärte: «Nein, nein, Herr Wachtmeister, es ist nicht, wie Sie denken. Dieser Wagen gehört meinem Bruder!»

Für einen Moment hatte ich die Stimme aus dem hinteren Teil des Wagens vergessen, als ich hörte: «Fatih, wir könnten doch unsere Karten zeigen. Wir haben doch unsere Karten dabei. Sollen wir nicht unsere Karten zeigen? Können wir uns damit ausweisen – vielleicht geht das ja?» In einem Fußballspiel hätte der Schiri jetzt die Rote Karte gezogen und der Spieler ohne große Diskussion das Feld verlassen müssen, aber leider war das kein Fußballspiel und die Rolle des Schiris bereits anderweitig vergeben.

Da sprach mich der Schutzbeamte auch schon ganz misstrauisch mit diesem für seinen Berufsstand typischen Inge-Meysel-Modus an: «Was sind denn das für Karten?» Innerlich bedankte ich mich bei dem sensiblen Denker auf der Rückbank und fragte mich, ob der Polizist vielleicht vor Gericht aussagen würde, dass ich aus Notwehr handelte, als ich meinen Mitfahrer erdrosselte. Da ich nicht sicher war, zeigte ich ihm lieber die Karten, um die es ging, und erläuterte, dass die von meinem Programm seien, ich derjenige auf dem Bild wäre, unten mein Name stände und so weiter. Abschließend fragte ich unschuldig: «Bin ich jetzt ausgewiesen?»

Der Polizist blieb stumm. Mit unbewegter Miene nahm er die Karten in die Hand und starrte darauf. Ich sah mit jeder verstreichenden Sekunde meine Aufenthaltserlaubnis dahinrieseln wie Sand in der Uhr für Weicheier. Mein Leben lief in atemberaubender Schnelle vor meinen Augen ab … Ich hörte schon die Handschellen klicken … Wie soll ich das meiner Mutter erklären …? Hier liegt eine Verwechslung vor … Vielleicht sehe ich aus wie einer der Hammas-Brüder, aber der bin ich nicht … Das ist alles ein furchtbarer Irrtum, einer, der sich wahrscheinlich erst in zwei oder drei Jahrzehnten aufklären wird, wenn ich mich als Wasserträger und Aschenbecherentleerer in einem kleinen Dorfcafé im Osten Anatoliens mit meinem Schicksal abgefunden haben werde … Wo die Leute immer, wenn sie mich sehen, sagen: «Der Fatih, das ist ein ganz Netter, der kam irgendwann hierher und war nicht mehr wiederzuerkennen. Das Leben in Deutschland hat ihm nicht gutgetan; er muss irgendetwas Schreckliches erlebt haben, das ihn aus der Bahn geworfen hat.»

Und es kam, wie es kommen musste. Der Polizist schaute abwechselnd nach rechts und links und zu mir. Etwas Beunruhigendes lag in seinem gehetzten Blick. Er griff sich immer wieder mit der Hand in den Nacken. Schließlich räusperte er sich, stockte einen Moment und sagte kurz, schnell und sehr leise: «Dann hätte ich gerne ein Autogramm.» Und guckte weg.

Ich traute meinen Ohren nicht. Hatte er tatsächlich gesagt, was ich da gerade verstanden hatte, oder spielte mir mein Größenwahn einen Streich?

Ich schaute ihn an und sagte ganz, ganz vorsichtig: «Nee! Ne?»

II
So schön
ist Integration

Traumberuf: Kofferbomber

Liebe Schülerinnen und Schüler,

wir sind heute hier zusammengekommen, um uns über eure Zukunft zu unterhalten. Der eine oder die andere denkt sich jetzt vielleicht: Wie kann ich über etwas reden, das ich gar nicht habe? Doch genau das ist der Grund unseres heutigen Beisammenseins, und ich freue mich sehr, dass so viele von euch sitzen geblieben sind.

Bald werdet ihr alle keine Schülerinnen und Schüler mehr sein. Nach langen Jahren der Schulzeit – ich möchte jetzt nicht von Bildung sprechen – entlässt man euch in die Gesellschaft, und ihr seid dann arbeitslos. Wie das eben so ist, wenn man entlassen wird.

Ihr sucht nun nach einem Job, und das ist gut so. Trotzdem klagen viele von euch: Wir finden keine Lehrstelle! Wir kriegen keine Ausbildung! Wir wollen ja arbeiten, aber niemand will uns haben! Doch ihr seid nicht so verloren, wie ihr glaubt. Nein, für euch gibt es uns vom *Institut für halbkriminelle Kinder*, kurz IHK. Wir unterstützen euch gern bei den Lektionen des Lebens, die es auf dem Arbeitsmarkt zu lernen gilt.

Natürlich habt ihr alle eure Vorstellungen davon, wie ein passender Beruf für euch aussehen könnte, doch wie sagte schon der Berühmte, dessen Name mir jetzt nicht einfällt: «Bleiben wir realistisch! Verlangen wir das Unmögliche!» Ich bin sicher, dass der eine oder die andere vielleicht gern Arzt werden würde. Chirurg zum Beispiel. Aber glaubt ihr wirklich, dass euch auch nur ein einziges Wesen mit gesundem Menschenverstand ein Messer in die Hand drückt, geschweige denn sich darunterlegt?! Abgesehen davon, dass ihr sowieso alle selber eins habt, muss ich euch warnen. Der letzte mir bekannte Versuch eines jungen Mannes, sein Praktikum in angewandter Chirurgie auf offener Straße zu absolvieren, endete mit einer Freiheitsstrafe von fünf Jahren in einer Einzelzelle in Berlin-Moabit. Gut, man kann bei diesem Herrn mit Fug und Recht von einem blutigen Anfänger sprechen, doch daran könnt ihr sehen, aller Anfang ist schwer.

Vielleicht denkt der eine oder die andere über den Beruf des Juristen nach. Doch auch hier sei Vorsicht angemahnt. Sicherlich haben einige von euch sogar die Arbeit des Juristen bereits aus nächster Nähe kennengelernt – etwa während der eigenen Verhandlung, der Scheidung der Eltern oder bei Sorgerechts- und Unterhaltsklagen von Ex-Freundinnen – und sind aus dieser Erfahrung heraus zu dem Schluss gekommen: «Mensch, das könnte ich mir auch beruflich vorstellen, so im schnieken Zwirn durch die Gegend rennen, dummes Zeug quatschen und unverschämte Rechnungen stellen!» Für alle diejenigen sei hier vertrauensvoll und ehrlich der gute Rat ausgesprochen – und vergesst nicht, dass wir es gut mit euch meinen: Der Weg vom Angeklagten zum Verteidiger ist weiter, als er auf den ersten Blick scheint. Es fängt schon bei den Studiengebühren an. Ich weiß natürlich, dass sich einige von euch als Freizeit-Dealer einen beachtlichen Monatsverdienst erwirtschaften, aber das ist leider alles Schwarzgeld, und wenn das Finanzamt dahinterkommt, hat das Portemonnaie Tag der offenen Tür.

In unserer IHK-Beratungseinrichtung sitzen immer wieder Jungen und Mädchen wie ihr, die uns ihre Berufswünsche mitteilen: Postangestellter, Friseurin, Feinmechaniker und so weiter. Neulich kam sogar ein junger Mann, der Versicherungskaufmann werden wollte. Kleiner Spaßvogel! Wir konnten ihm eine Karriere als Komiker nahelegen.

Ihr seht, liebe Schülerinnen und Schüler, genau um Fälle wie diese kümmern wir uns. Wir geben euch Hilfestellungen, euren Weg zu finden. Allzu oft lasst ihr euch nämlich von unrealistischen Wunschbildern leiten, wollt Berufe ergreifen, die einfach nicht zu euch passen. Da ist es ganz selbstverständlich, dass ihr keine Lehrstelle bekommt. Trotzdem bedeutet das nicht, dass man dem deutschen Steuerzahler auf der Tasche liegen muss. Nein, das Zauberwort heißt: *Volksangepasste Berufswahl!*

Wir vom IHK bieten maßgeschneiderte Berufsberatungen speziell für euch an. Gemeinsam suchen wir Berufe aus, an die jeder sofort denkt, wenn er euch hier sitzen sieht. Ich finde ein kräftiges Orange übrigens besonders kleidsam für euch. Es spielt sehr schön mit dem Olivton eurer Haut, den viele von Hause aus bereits mitbringen. Kurz gesagt, die Gesellschaft braucht euch! Ihr müsst euch nur überlegen: Wo komme ich her? Was kann ich machen? Was passt zu mir?

Im Folgenden möchte ich euch deshalb einige geeignete Berufe vorstellen.

Für diejenigen, die den Hauptschulabschluss nicht geschafft haben, kommt zum Beispiel die verantwortungsvolle Tätigkeit des Türstehers in Frage. Gerade die Großen und Kräftigen unter euch können sich schon bald dafür bewerben. Wind und Wetter trotzend, werden sie, wie einst die Wachen vor der Wartburg, vor dem Discoeingang stehen, um Nacht für Nacht dafür zu sorgen, dass nicht irgendein Gesocks unsere Jugend stört, wenn sie sich vergnügen möchte. Ist es euch nicht schon oft passiert, dass ihr draußen bleiben musstet, wenn ihr an einer Disco Einlass begehrt habt? Dass da jemand seine Aufgabe ernst nahm und mit Sorgfalt aussortierte? Genau so muss es sein! Türsteher ist ein verantwortungsvoller Beruf, und ich bin überzeugt, es gibt einige von euch, die über entsprechende Qualifikationen, wie breite Schultern, einen düsteren Blick und ausreichendes Vokabular in der Fachsprache, verfügen. Erfahrungen im Bereich Vor-der-Tür-Stehen habt ihr in eurer Schulzeit zur Genüge gesammelt, was als Qualifizierungsplus, also als Eignungsgrund, anzusehen ist. Man muss alles einbringen, was man hat.

Ein sicherer und außerdem sehr beliebter Beruf ist selbstverständlich der des Dönerbudenbetreibers. Hier gibt es von Staats wegen allerdings eine Bedingung: Ihr braucht ein Gesundheitszeugnis. Ich sehe eben, wie einige von euch bei dem Wort «Zeugnis» zusammenzucken, doch keine Sorge, das bekommt wirklich jeder. Ihr gebt dafür nur eine Stuhlprobe ab, was im Übrigen nichts mit euren Sitzqualitäten zu tun hat. Dass ihr sitzenbleiben könnt, habt ihr schon mehrfach erfolgreich unter Beweis gestellt. Ihr müsst einfach das große Geschäft in ein kleines Röhrchen machen, dann wird das Ganze untersucht, und wenn ihr nicht gerade an innerer Verwesung leidet, flattert euch das Gesundheitszeugnis direkt ins Haus. Für viele ist das eine völlig neue Erfahrung: Statt in die Röhre zu gucken, könnt ihr einfach mal in die Röhre kacken und euch bereits so qualifizieren. Erstaunlich, nicht wahr? Ihr seht also, wir *können* euch helfen, und wir *wollen* euch helfen, weil ihr uns wirklich am Herzen liegt beziehungsweise auf der Tasche. Aber das ist im Moment zweitrangig.

Ein weiterer Vorteil besteht darin, dass ihr in der Dönerbude nicht nur ganz euer eigener Chef seid, sondern gleichzeitig auch noch alle Posten besetzen könnt. Ihr seid der Besitzer und das Personal, ihr arbeitet in der Küche und an der Theke, ihr steht an der Kasse und am Spieß. Ich verspreche euch: Euer Geschäft ist von Anfang an zum Erfolg verdammt, weil ihr alle so unglaublich authentisch wirkt. Wenn der eine oder die andere neben dem Spieß verweilt und geschmeidig das große Messer wetzt, sagt sich doch jeder sofort: «Sieh mal einer an, wie gekonnt und authentisch der das macht! Gelernt ist halt gelernt!»

Authentizität, liebe Schülerinnen und Schüler, ist äußerst wichtig im Geschäftsleben, denn sie schafft Vertrauen. Stellt euch doch nur mal vor, ihr arbeitet in einer Bank und ein Kunde, womöglich gar ein neuer, kommt herein, um ein Konto zu eröffnen, und sieht euch hinter dem Schalter sitzen. Das ist doch nicht authentisch, oder? Einem solchen Menschen mag man es nicht verübeln, wenn er postwendend wieder hinausgeht und sich denkt: «Da kann ich mein Geld ja gleich dem Finanzbeauftragten der PKK in die Hand drücken!»

Deswegen ist das Erfolgsmodell der *Volksangepassten Berufswahl* so vielversprechend! Es gibt kein Geschrei oder Gezeter, ganz zu schweigen von nicht enden wollenden und im Endeffekt lästigen Gleichstellungsverfahren. Wir finden, das ist die beste Lösung für uns – und natürlich auch für euch.

Manchen unter euch, liebe Schülerinnen und Schüler, steht vielleicht der Sinn nach Spirituellem, nach geistiger Arbeit. Dies ist zwar eigentlich unvereinbar mit dem Prinzip der *Volksangepassten Berufswahl*, da für euch ein Studium grundsätzlich nicht in Frage kommt. Doch gibt es eine Tätigkeit, die gerade die bärtigen Buchleser unter euch ausüben können: Hassprediger. Hier geht es um einfache, klare Worte, um simple Grundsätze, um einen eindeutig abgegrenzten Horizont. Falls euch für das Einschlagen dieses Berufsweges Rollenmodelle fehlen sollten, orientiert euch zunächst an deutschen Kardinälen, die dafür durchaus in Frage kommen.

Für den Fall, dass jemand von euch mit dem Gedanken spielt, eine solche Karriere zu ergreifen: Angehenden jungen Demagogen stellt unsere Beratungsstelle zur Fortbildung gern Kopien der Reden von Dr. Goebbels zu Verfügung. Ihr könnt von großen Beispielen lernen!

Interessant ist auch ein neuer Berufszweig, der sich vor allem in den letzten Jahren wie ein Lauffeuer verbreitet hat: Selbstmordattentäter – eine kurze, aber explosive Karriere. Dieser Tätigkeitsbereich bietet mehrere Optionen und einige wichtige Vorteile. Zum einen muss nicht langfristig geplant werden. Rentenbeiträge, Pflegeversicherungen, all das fällt weg. Kein lästiger Papierkram, keine teuren Bausparverträge. Zum anderen braucht man eine nur sehr kurze Anlernzeit und geringes Eigenkapital. Üblicherweise werden Sprengstoffgürtel beziehungsweise Bombenkoffer von al-Qaida zugeliefert. Dann gilt es lediglich auszuwählen, wo man sich in die Luft sprengt, doch das entscheidet in der Regel der Taliban eures Vertrauens. Womöglich habt ihr anfangs eine längere Phase als Schläfer vor euch. Das gibt euch die Möglichkeit, die volkstypische Arbeitslosenzeit auszukosten und euch gleichzeitig auf den darauf folgenden Karriereschritt vorzubereiten. Wer von euch nun denkt: «Werde ich dies können? Ist das nicht etwas gefährlich?», dem sei gesagt: Letztendlich besteht die eigentliche Aufgabe darin, einen sprengstoffgefüllten Koffer am Hauptbahnhof abzustellen und die Ladung per Handy zu zünden. Und, liebe Schülerinnen und Schüler, Hand aufs Herz, ein Handy habt ihr doch alle! Kofferbomber ist im Übrigen auch ein idealer Beruf für diejenigen unter euch, die kein Deutsch sprechen können, weil man nämlich überhaupt nicht sprechen können muss, und die dennoch mit ihrer Berufswahl ein Zeichen setzen wollen.

Stellt euch vor, wie stolz eure Familien sein werden, wenn die Deutschen über einen von euch sagen: «Die Nation hat endlich wieder einen Bomber!»

Und nun, liebe Schülerinnen und Schüler, zu denjenigen unter euch, die das Abitur nicht geschafft haben: Hier kommen Berufe in Frage, die etwas Organisationstalent und eine gewisse Intelligenz – oder vielleicht eher Bauernschläue – erfordern, jedoch für Menschen mit strengen Moral- oder Rechtsauffassungen nicht zur Debatte stehen. Dass es manche Volksgruppen damit nicht so genau nehmen, kann für bestimmte Tätigkeitsfelder durchaus von Vorteil sein.

Ein Beispiel: Habt ihr schon einmal daran gedacht, Kleinkrimineller oder Waffenschieber zu werden? Den Einstieg in den Beruf des Kleinkriminellen sollte euch ein Bruder oder Cousin erleichtern, denn gerade in diesem Metier zählt der Familienzusammenhalt. Eine typische Kompetenz also, die wir vom IHK im Rahmen unserer *Volksangepassten Berufswahl* gern fördern. Italienische Familien nutzen dieses große gegenseitige Vertrauen schon seit vielen Jahrzehnten sehr intensiv und konnten sich beruflich viele neue Wege eröffnen – das steht auch euch offen.

Ein wenig anders sieht es für diejenigen aus, die über eine Karriere als Waffenschieber nachdenken. Besonders für den Geschäftseinstieg braucht es anfänglich eine größere Investition. Wahrscheinlich habt ihr aber kein Geld geerbt, von dem ihr die erste Waffenladung kaufen könntet. Doch lasst euch nicht entmutigen, denn auch hier bieten wir praktische Unterstützung an. Wir helfen euch dabei, einen Businessplan aufzustellen, ein Anschreiben an russische Raketengroßhändler zu formulieren und eine Liste der finanzstärksten Terrorgruppen vorzubereiten, denn man muss seine Zielgruppe – also die potentiellen Käufer – erst einmal definieren. Eine gute Geschäftsplanung, liebe Schülerinnen und Schüler, ist die wichtigste Voraussetzung, um bei eurer Sparkasse einen Kredit zu bekommen.

Noch ein Wort an die Jungen, ganz im Vertrauen: Wenn ihr ein volles Haus mit vielen Schwestern und Cousinen teilt, bietet sich womöglich auch der Beruf des Frauenhändlers an. Mit etwas Geschick eröffnen sich hier ungeahnte Möglichkeiten. Ich sage nur: minimale Investitionen bei gleichzeitig großen finanziellen Gewinnspannen. Denkt vorurteilsfrei darüber nach!

Und damit haben wir schon eine Überleitung zum schönen Geschlecht. Zum Schluss nun eine Empfehlung für die Mädchen: Falls ihr in den wenigen Jahren bis zu eurer Zwangsheirat unbedingt arbeiten wollt, empfehlen wir den seit Generationen sehr beliebten Beruf der Putzfrau. Vielleicht haben diesen auch eure Mütter oder Tanten ausgeübt – umso besser! In dieses Tätigkeitsfeld könnt ihr euren natürlichen weiblichen Instinkt einbringen, es besteht ständig Nachfrage, und ihr braucht euch nicht vor der Arbeitslosigkeit zu fürchten. Dreck wird es schließlich immer geben. Aber Scherz beiseite: Die meisten Deutschen stehen vor der schwierigen Aufgabe, sich zwischen einer türkischen und einer polnischen Putzfrau zu entscheiden. Und hier, liebe türkische Mädchen, seid ihr im Vorteil, denn: Ein Kopftuch schützt vor Staub! Lehrerin könnt ihr mit so einem Lappen auf dem Kopf natürlich nicht werden, aber für eine Putzfrau ist ein Kopftuch wirklich notwendig. Das ist *Volksangepasste Berufswahl*, wie sie im Buche steht.

Damit, liebe Schülerinnen und Schüler, kommen wir nun zum Ende. Aus diesem kurzen Vortrag habt ihr sicher gelernt, dass es außer dem Herumlungern noch andere Perspektiven für euch gibt – Berufe nämlich, die euch in die Wiege gelegt worden sind. Wir helfen euch dabei, aus unserem reichhaltigen Angebot das Richtige auszuwählen, damit ihr die großartigen Möglichkeiten nutzen könnt, die euch im Rahmen unserer innovativen *Volksangepassten Berufswahl* offenstehen.

Falls ihr Fragen habt, sind die Mitarbeiterinnen und Mitarbeiter der Beratungsstelle des IHK selbstverständlich jederzeit für euch da.

Die erste deutsche Dönerstie

Gut, die Italiener waren zuerst da mit ihren langen Nudeln, die mir schon immer chinesisch vorkamen. Auch die Griechen waren schneller mit ihrem Souvlaki, den so mancher Deutsche heute noch zu tanzen versucht. Selbst die dicksten Menschen der Welt, die Amerikaner, hatten die Deutschen schon flächendeckend eingeburgert, als sich ein kleines, unscheinbares, von der Masse unterschätztes Fladenviertel auf den Weg machte, den Saumagen aus dem Enddarm zu vertreiben. Dieses kleine Fladenviertel – Kenner pflegen ihn liebevoll ‹FF› zu nennen – sorgte für eine bis dahin nie da gewesene Revolution in der Schnellesskultur unseres schönen Landes. Die Nahrungskette wuchs um ein weiteres Glied: Die Rede ist vom guten alten Döner.

Der Döner hat so tief in die deutsche Esskultur eingegriffen, dass es nicht wundert, wenn jetzt auch ein Wochentag nach diesem Nationalgericht benannt werden soll – wobei dem Nationalgericht selbst keine weitere Entscheidungsmacht zufällt, denn die obliegt ausschließlich dem popeligen Pöbel. Hoch im Kurs steht zurzeit, den Donnerstag in Dönerstag umzutaufen, was bisher jedoch am Widerstand der Vegetarier scheiterte, die ebenfalls einen Wochentag für ihre fleischfreien Speisen beanspruchen. Den Freitag wiesen sie zwar als inakzeptabel zurück, aber außer ihrem Protest konnten sie noch keinen brauchbaren Namensvorschlag einbringen. ‹Tag-an-dem-ich-kein-Fleisch-esse-weil-Tiere-meine-Freunde-sind-und-meine-Freunde-esse-ich-nicht-Tag› lehnte man aus pragmatischen Gründen ab – und aus noch ein paar anderen Gründen mehr, die leider nicht öffentlich gemacht wurden. Schade eigentlich. Was hingegen die Dönertaufe angeht, so meldete die katholische Kirche schon mal aus sicherer Distanz ihre Zweifel an und dachte laut darüber nach, welche Folgen die eventuelle Umbenennung eines bestimmten Tages auf ihre Glaubensgemeinschaft haben könnte, wenn, sagen wir mal, zu Ostern nun die Rede vom Gründönerstag wäre. Was würde man für die Kinder verstecken an einem solchen Fest? Und ließe sich am Ende – Gott der Allmächtige behüte – nicht auch eine Verbindung herstellen zwischen dem vernagelten Heiland und dem aufgespießten Hochkantschaschlik – frei nach dem Motto: Von dem könnt ihr euch ruhig mal 'ne Scheibe abschneiden?

Aber vielleicht behauptet ja irgendein katholischer Klempner noch schnell, dies sei entartetes Fleisch, und der Heiland hat seine Monopolstellung als der Einzige und Wahre wieder sicher und muss sein Kreuz wieder allein tragen. Kein Wunder, dass der sich manchmal ein wenig hängen lässt.

Wenn du bist, was du isst, und wenn dein Essen auch deine Kultur repräsentiert, dann ist es doch interessant, einmal genauer hinzuschauen, was es mit diesem dreieckigen getoasteten Stück Weißbrot auf sich hat, dieser ‹Toblerone in Herzhaft›, denn unbestritten handelt es sich hierbei um den Gipfel der Genüsse. Zumindest hat es die Maurermarmelade seit der Ankunft des Drehspießes bedeutend schwerer. Das nationale Voranschreiten unserer kleinen Tragetasche für Kalorien lässt sich nicht mehr von der Hand weisen. Ein eindeutiges Indiz dafür ist, dass sie in deutschen Gaststätten angeboten wird, auch wenn so manch ein Wirt noch versucht, sich mit Begrifflichkeiten wie ‹Gyros› auf die Seite der vermeintlich Ahnungslosen zu schlagen. Daran sieht man im Grunde nur, wie groß die Verzweiflung tatsächlich ist.

Nein, der Erfolg lässt sich nicht kleinreden, auch wenn die Dimensionen gerne verschwiegen werden! Das Fladenviertel ist ein Stück deutscher Kultur geworden, ist nicht nur in der Mitte der Gesellschaft angekommen, sondern ihr mitten durch den Magen gegangen. Diesen Weg nimmt die Liebe vorzugsweise auch. Wies uns nicht erst jüngst ein christlicher Chorknabe darauf hin, dass dieser Weg kein leichter sein würde? Das muss man erst mal verdauen!

Allein, weil sich der Ursprung dieses Weges im Westberliner Teil des Ostdeutschenlandes befindet, springen uns jedoch plötzlich massive Authentizitätsprobleme an. Wie kann das sein? Bis eben dachten wir noch, dass diese mutierte Maultasche anatolische Ahnen hat, und jetzt will man uns glauben machen, der Döner sei ein Meister aus Deutschland. Das ist doch getürkt!

Nein, ist es nicht! Es ist eindeutsch.

Wäre seinerzeit das Geschnetzelte im Brotmantel zunächst von blassrosafarbenen Menschen mit Durchblutungsstörungen und dünnem Haar angepriesen worden, hätte sich niemand gewundert oder ihm gar eine Fremdbiographie andichten wollen. Im Gegenteil. Es hätte nicht den Bruchteil der Aufmerksamkeit bekommen, die es hat. Sehr wahrscheinlich wäre es nicht einmal bemerkt worden. Man hätte das Geschnetzelte im Brotmantel stolz ‹Donner› genannt und sich darüber gefreut. Dass sich die Geschichte anders abgespielt hat, ist hinlänglich bekannt.

Das Geschnetzelte wurde nämlich von Menschen feilgeboten, die ganz anders aussahen als die Eingeborenen. Und wer anders aussieht, isst doch auch ganz anders. In diesem Fall waren es Menschen, die ausschließlich dunkle bis schwarze Haare hatten. Wenn sie nicht durch ihre Körperbehaarung auffielen, dann in jedem Fall durch ihre Sprache: Sie kommunizierten nicht in der Sprache der Eingeborenen, sondern einer Art Tarzansprache, über die sich die Einheimischen seltsamerweise bis heute noch kaputtlachen können und es bisweilen auch zu tun pflegen. Die Zugewanderten sahen zudem auch lustig aus. Anfänglich trugen sie spezielle Pumphosen, die spätestens mit MC Hammer weltberühmt und cool wurden. Später zogen sie dann engere Beinkleider dem Schlabberlook vor und ließen sich fortan schwerer von den Ureinwohnern unterscheiden. Dennoch blieb die Nutzung einer ganz eigenen Farbskala in den Klamotten-Kombinationen über all die Jahre eins der prägnanten Merkmale, das sich auch so manche Hippie-Mitte-Schnitte zu eigen zu machen versuchte. Mit mäßigem Erfolg. Es war und ist immer eine Kopie, die bis heute nicht einmal ansatzweise an das Original heranreicht.

Dieser Kleiderordnung verdanken wir solch glorreiche Fortschritte wie beispielsweise den an der Ferse offenen Schuh. Die mediterranen Modevorreiter wussten schon damals durch einen gezielten und gekonnten Tritt die lästige Blasenfalle bei Neuschuhen auszuschalten. Was wir heute auch sehen, sind unzählige Frauen, die eine Hose und einen Rock gleichzeitig tragen – eine modische Kombination, die sich bis in die anatolische Tiefebene zurückverfolgen lässt. Im Gegensatz zur Esskultur hat sich die Haute Coutürk nur partiell in der deutschen Gesellschaft durchsetzen können; interessanterweise vorwiegend bei Menschen, die ihre Kleidung als politisches Signal verstanden wissen wollen. Selbiges heißt: «Achtung, Baby, ich bin anders als die anderen und auch noch verdammt cool dabei!» Wenn das mal nicht politisch ist … Übrigens nicht das erste Mal, dass ich mir den Zeitgeist zurück in die Flasche wünsche.

Dies alles gilt natürlich nicht für das Essen, weder im Allgemeinen noch im Speziellen. Nein, unser Dönertier hat zusammenwachsen lassen, was zusammengehört: Ossis wie Wessis stehen fröhlich schmatzend vereint vor rollenden Imbissbuden an den Straßenecken unseres Fatihlandes und können ihr Glück nicht fassen, schlicht und einfach, weil sie es nicht erkennen können. Es ist aber auch schwer, so viel Glück auf einmal zu erkennen. Erkennen ist ohnehin das Schwierigste, dazu haben schon so manche ganze Theorien verfasst. Was übrigbleibt, ist die ewige Wahrheit: Es gibt eine große Kluft zwischen Theologie und Praxis.

Wenn man nun seinen Blick hebt von diesen glücklich wiederkäuenden, miteinander schmatzenden, in der erfüllten Sehnsucht des Erreichbaren herrlich Wiedervereinten und ihn über das Land schweifen lässt wie in der Animation der Wettervorhersage nach der Tagesschau, dann springt es einem ins Auge. Dann sieht man Landschaften, gezeichnet vom Dönnerschlag der kulinarischen Kleinkunst. Dann liegt sie ausgebreitet vor uns: die erste deutsche Dönerstie.

Picknick in der Parallelgesellschaft

Langsam bog ein Bus um die Ecke und fuhr die Straße entlang. *Meckermann Reisen* stand in großen Lettern auf den Seiten. Er bremste ab und kam vor einer roten Ampel zum Stehen. Im nächsten Moment stürzten dunkle Gestalten mit Turbanen und langen Bärten aus Hauseingängen und zwischen geparkten Autos hervor. Die Gewehre im Anschlag, rannten sie unter «Djihad»-Rufen zum Bus, zwangen den Fahrer, die Tür zu öffnen, zerrten ihn hinaus und enterten das Fahrzeug. Eine dumpfe Explosion war zu hören, laute Schreie, und dann quoll Rauch aus den Fenstern. Ein lebloser Körper wurde aus dem Bus gestoßen, rollte die Stufen hinunter und plumpste in den Rinnstein. Für einen kurzen Augenblick herrschte totale Stille.

«Stopp, stopp, stopp, aus, aus! Was soll das denn bitte?!» Onkel Hassan schwenkte aufgebracht die Arme über dem Kopf. «Aufhören! So geht das nicht!»

Die Gotteskrieger kletterten langsam einer nach dem anderen aus dem Bus und kamen mit gesenktem Kopf auf den Onkel zu. Auch mein kleiner Bruder und ich verließen die Deckung.

«Was haben wir abgemacht?», brüllte Onkel Hassan die Truppe an. «Überfall auf den Bus, Fahrer raus, Bus entern, Parolen skandieren, Osama-bin-Laden-Fahne schwenken. Erster Fehler: Wo war die Fahne?»

«Hab ich vergessen», flüsterte mein Cousin Mutlu. «'tschuldigung.»

«Und ihr wolltet nicht proben!», sagte Onkel Hassan kalt. «So 'ne Nummer im Ernstfall, und ich kann meine Lizenz für Bildungs- und Kulturreisen an eine Glückskeks-Fabrik in China verkloppen!»

Mutlu schniefte.

«Zweiter Fehler: Rauchbombe im Bus. Wie sollen denn die Gäste den Rest vom Schützenfest verfolgen, wenn es im Bus aussieht wie in einer Wasserpfeife? Sollen die auf Kiemenatmung umschalten oder was?! Das sind doch keine Räucheraale! Außerdem lautet der Deal mit Meckermann: Der Bus bleibt sauber. Und diese Sauberkeit muss man sehen und riechen können, ihr Hobby-Hisbollahs! Leute, ich habe einen Vertrag unterschrieben! Und dann zündet einer von euch Spezialisten einen Knaller, während er drinnen ist. Ich sage es noch einmal: keine In-Bus-Action, ausschließlich Out-Bus-Action. Yüksel! Du solltest lediglich die brennende Lunte vor den Leuten schwenken, aber gezündet wird der Knaller draußen, nicht *im* Bus!»

«Ich weiß», erwiderte Yüksel störrisch, «aber bei dem ganzen Gerangel ist mir dieser super Turban über die Augen gerutscht, und ich konnte nichts mehr sehen. Die Lunte brannte zu schnell runter. Ich hab noch versucht, sie hinauszuwerfen, aber mit verbundenen Augen ist das echt nicht einfach.»

«Noch so ein Patzer, und du kannst dir deine Papiere holen!», sagte Onkel Hassan streng.

«Wenn Yüksel nicht mehr mitmacht, darf ich dann Terrorist sein?», quäkte mein kleiner Bruder dazwischen.

Onkel Hassan tätschelte ihm den Kopf. «Nein, du bist noch zu klein. Die Touristen sollen sich doch fürchten, Herzanfälle bekommen und zittern und nicht vor lauter Rührung Bonbons anbieten und Küsschen verteilen. Du musst erst ein bisschen wachsen, mein Kleiner.»

Wie unsere Familie in die Tourismusbranche eingestiegen ist? Das kam durch meine Großtante Hatice: Die hatte die grandiose Idee mit den inszenierten Schlägereien.

Aber ich fange mal ganz von vorn an. Vor ein oder zwei Jahren waren die Zeitungen voll mit Horrorstorys aus unserem Kiez. Rütlischule – Schüler bedrohen Lehrer, Neuköllner Killerbanden machen die Straßen unsicher, anständige Deutsche trauen sich nicht mehr nach Neukölln, Berlin ist Bronx.

Das hat durchaus Wirkung. Wenn die deutschen Otto Normalos jetzt einkaufen gehen und ich mit meinen Kumpels unterwegs bin, machen die einen großen Bogen um uns, wechseln sogar die Straßenseite. Natürlich nicht die Johanna, meine Freundin. Die ist sowieso die coolste deutsche Braut, die je in unserem Kiez gesichtet wurde. Aber alle anderen eben. Für die ist es Hochrisikosport, sich hierhin zu wagen.

Die Kleinen aus unserer Straße finden das super. Zu Hause knallt ihnen die Mutter eine, wenn sie die Hausaufgaben nicht gemacht haben, doch sobald sie an der Straßenecke stehen, sind sie für die Deutschen gefährlich, ohne dass sie irgendetwas dafür zu tun brauchen. Rumstehen reicht. Das wiederum stinkt den wirklich harten Jungs aus unserem Kiez, die sich vor zehn, zwanzig Jahren ihren Ruf noch hart erarbeiten mussten. Für die sind solche Gören nur Poser. Die Welt ist eben ungerecht.

Mir ist dieser Straßenkampf egal. Okay, ich stehe notgedrungen viel auf der Straße rum, seit ich mit der Hauptschule fertig bin. Ab und zu schreibe ich Bewerbungen, aber nicht für Automechaniker-Lehrstellen, wie mein Vater denkt, sondern für Schauspielschulen.

Ich bin total begeistert von Vin Diesel, Arnold Schwarzenegger und Hanna Schygulla. Das sind meine Vorbilder, meine Idole. Obwohl, die Schygulla-Nummer ist nur für Johanna, weil sie nämlich alle meine Lieblingsfilme für affig hält. Sie hat halt keine Ahnung von großem Kino und sieht mich eher im Autorenfilm. Johanna findet Fassbinder super, dabei dachte ich früher immer, der wäre ein Fußballkommentator aus dem Fernsehen. Sie ist die Einzige, die mich in meinem geheimen Streben zur darstellenden Kunst bestärkt. Okay, sie ist auch die Einzige, die davon weiß. Alle anderen würden mich wahrscheinlich auslachen oder sogar verprügeln. Aber nicht Johanna. Sie ist einmalig! Sie kann einen echt gut motivieren und trotzdem alle fünfe gerade sein lassen. Sie ist meine ganz persönliche Prinzessin Diana.

Über Johanna könnte ich stundenlang reden. Aber ich will hier nicht abschweifen. Jedenfalls: Im Frühjahr fielen mir zum ersten Mal Autos auf, die ungewöhnlich langsam durch unsere Straßen fuhren. Zivilbullen, vermuteten wir zuerst. Doch diese Karren waren meistens vollbesetzt mit Leuten, die auffällig rausguckten. Zivis benehmen sich anders. Die wollen unerkannt bleiben, und man merkt sie sich erst nach der Ausweiskontrolle. Anfangs dachten wir uns nichts weiter dabei.

Im Sommer – ich weiß noch genau, es war ein ungewöhnlich heißer Tag – rollte dann der erste Bus in Zeitlupe durch unseren Kiez. *Meckermann Reisen* stand groß darauf. Während wir Jungs am Kiosk rumstanden und uns noch wunderten, fuhr er auf einmal einen Bogen. Wir kriegten mit, dass eine Menge Leute mit Kameras drinsaßen und plötzlich wie wild knipsten.

«Was fotografieren die denn?», fragte mein kleiner Bruder.

«Uns», antwortete Ali.

Als Onkel Hassan davon erfuhr, wurde er nachdenklich. Onkel Hassan hat viel Zeit zum Nachdenken, weil er arbeiten zu anstrengend findet, sagt mein Vater. Onkel Hassan sagt, dass richtiges Nachdenken noch viel anstrengender als arbeiten sei, aber dass mein Vater das leider nicht versteht. Wie auch immer – unter dem Gelächter der Familie setzte sich Onkel Hassan am folgenden Tag einen riesigen Turban auf, mit dem er aussah wie der Ayatollah persönlich. Als wieder ein Meckermann-Bus auftauchte, marschierte er stracks dorthin und hatte eine längere Unterhaltung mit dem Fahrer.

Tags darauf fuhr wieder ein Bus von *Meckermann Reisen* durch unser Viertel, danach waren es schon zwei, und nach ungefähr einer Woche sichteten wir die ersten Busse von *Pfui Tours*.

Kurze Zeit später erläuterte Onkel Hassan den Jungs seine Geschäftsidee: «Ihr wisst, hier herrscht freie Marktwirtschaft. Also muss man das anbieten, was auf dem Markt gefragt ist. Ich habe analysiert, warum die Touristenbusse in unseren Kiez kommen. Und an dieser Stelle seid ihr gefragt.»

«Hä?», fragte mein Cousin Mutlu.

«Gewalttätigkeiten», erklärte Großtante Hatice bestimmt. «Prügelt euch.»

«Das dürfen wir nicht!», antwortete mein kleiner Bruder erschrocken. «Mama wird furchtbar böse.»

Großtante Hatice lächelte geheimnisvoll. Ich kann nur sagen, die alte Lady ist so geschäftstüchtig, dass sie auf jedem Bazar selbst den Händlern saure Gurken für türkischen Honig verkaufen könnte. Die dreht sogar einem Moslem die Thora als Koran an.

«Wir werden selbstverständlich ein ordentlich eingetragenes Unternehmen gründen», fuhr sie fort, «wegen Finanzamt und so weiter. Wir nennen das Ganze IAK.»

Sie ließ Visitenkarten drucken und schickte Meckermann ihr Businesskonzept. Absender: *Institut für angewandte Kriminalität.*

Seitdem gehört unser Kiez zu den Sehenswürdigkeiten der Stadtrundfahrten.

Onkel Hassan hat die Organisation übernommen. Jeden Monatsanfang trifft er sich mit dem Typen von Meckermann und plant die kommenden Wochen. Wir können ja nicht jedes Mal dasselbe bieten, schließlich müssen die Touren spannend bleiben. Deshalb entwickelte Onkel Hassan einen rotativen Ablaufplan – wir nennen ihn das Ottmar-Hitzfeld-System –, der dem ganzen Viertel Arbeitsplätze bietet und den Anforderungen von Meckermann bezüglich variabler Angebote entgegenkommt. Erste Woche im Monat: Straßenkämpfe. Zweite Woche: ein Ehrenmord oder eine vergleichbare Aktion, die auf jeden Fall eine Schusswaffe und viel rote Farbe beinhaltet. Dritte Woche: Einladung in einen privaten Haushalt, gegen Aufpreis inklusive geschlachteten Hammels in der Badewanne.

Über die letzte Woche wird jeden Monat kurzfristig entschieden – je nach Lage in den Medien. Geht es gerade um Gewalt an Schulen, holen wir unsere kleinen Brüder, die die Busse mit Steinen bewerfen. Sind muslimische Terroristen in den Schlagzeilen, organisieren wir eine Demo mit Fahnenverbrennung und kleinen Explosionen. Immer wieder gern gebucht werden auch Gruppen mit vollverschleierten Frauen. Manchmal haben wir richtige Engpässe und können nicht genug Frauen auftreiben. Dann werfen sich kurzerhand ein paar von den Jungs die Burkas über. Das wird sowieso nie kontrolliert, und es merkt auch keiner, solange die Jungs die Schnauze halten. Nur einmal klingelte dem Ismail sein Handy, und der Doof ging auch noch ran! Aber das ist eine andere Geschichte ...

Meckermann hat mit den Jungs und Mädels vom Kiez Honorar-Rahmenverträge vereinbart. Darüber freute sich das Arbeitsamt in unserer Gegend natürlich sehr. Es dauerte allerdings, bis das bei allen Vätern und Müttern mit ihrer altmodischen Gastarbeitermentalität durchgesickert war. In unserer Familie lief das so ab:

Meine ältere Schwester Gülhan und ich gingen mit den Vertragspapieren von Onkel Hassan nach Hause.

«Ist doch alles dabei», meinte Gülhan zu mir, «feste Honorare, Mindestlaufzeit, Krankenversicherung. Also, ich bin sicher, Papa und Mama unterschreiben.»

Ich war da skeptischer. «Die Image-Auflagen werden Mama stinken, wegen Kopftuch und so. Und dass ich dich auf offener Straße umbringen soll, wird ihnen auch nicht gefallen.»

Leider behielt ich recht. Meine Eltern wollten partout nicht mitmachen.

«Das ist doch keine ehrliche Arbeit», sagte mein Vater, der jeden Morgen früh um vier zum Großmarkt fährt, um frisches Gemüse für unseren Laden zu kaufen.

«Für so was gebe ich mich nicht her», sagte meine Mutter, die unseren Gemüseladen jeden Abend um halb sieben schließt und danach noch putzt, bevor sie nach Hause kommt, um das Abendessen zu kochen. «Und ihr euch übrigens auch nicht», fügte sie hinzu. «Ende der Diskussion!»

Mein kleiner Bruder und ich bekamen für das Wochenende Hausarrest, nur weil wir aus Pappkarton, Alufolie und alten Kabeln Sprengstoffgürtel gebastelt hatten. Das war wirklich ungerecht. Wir hatten Onkel Hassan nämlich ein richtig gutes Angebot für einen Einstiegsjob gemacht: Wenn die Meckermann-Busse kämen, wollten wir mit unseren Sprengstoffgürteln an einer Straßenecke stehen und arabische Parolen brüllen – nicht, dass wir Arabisch könnten, aber das kriegen die Deutschen sowieso nicht mit, Hauptsache, es klingt irgendwie drohend –, dann einen Silvesterknaller zünden und wieder abhauen.

Onkel Hassan mochte die Nummer in dieser Form allerdings nicht.

«Das ist nett gemeint, Kinder, aber viel zu dilettantisch», wiegelte er ab. «Wir arbeiten hier doch nicht mit hausgemachten Sprengstoffgürteln, als wären wir im Bastelkurs der Volkshochschule. Wir sind Profis! Wir nehmen nur authentische Fehlzündungen aus dem Nahen Osten, echte Gürtel, bei denen die Kabelkontakte kaputt sind oder so.»

«Bitte, Onkel Hassan», bettelten wir. «Wir möchten auch arbeiten! Drogen verkaufen, Steine werfen, irgendwas!»

Nach langem Hin und Her ließ er sich breitschlagen, mit unserem Vater zu reden.

«Meine Söhne sind keine Terroristen, und sie spielen auch keine Terroristen», regte der sich auf.

«Hat dein Ältester Arbeit?», fragte Onkel Hassan knapp und ließ durch eine Kunstpause die Frage noch einmal richtig wirken, um dann nachzuschieben: «Hat er eine Lehrstelle? Nicht dass ich wüsste. Ich gebe ihm Arbeit und Geld, also überleg es dir.» Dann ging er.

«Du kannst weiterhin im Gemüseladen helfen», bot mir mein Vater an. «Irgendwann werden wir schon eine Lehrstelle für dich finden.»

«Aber Papa, ich möchte Schauspieler werden», erklärte ich ihm. «Und das ist eine Supergelegenheit, alle möglichen Rollen auszuprobieren! Das ist voll fett!»

«Sag mal, wie redest du eigentlich mit mir?», fuhr er mich an.

«Tut mir leid, Papa, ich meine … das ist eine ganz tolle Chance! Ich bin schon sechzehn und kann verschiedene Rollen bekommen!»

«Was für Rollen?», fragte er resigniert.

«Terrorist, Ehrenmörder, Straßenschläger, Drogenhändler …»

«Auf keinen Fall!», brüllte er. Für den Rest der Woche hatte ich dann Hausarrest *und* Spüldienst.

Großtante Hatice ging klüger vor. Sie ächzte mit ihrem Stock die Treppe hoch, ließ sich aufs Sofa fallen und stöhnte so lange über ihr steifes Knie, bis ihr meine Mutter ein Stück selbstgemachte Baklava hinstellte und sich mitleidig neben sie setzte. Erst dann eröffnete die Großtante das Spiel, und jeder Zug hätte Bobby Fischer alle Ehre gemacht.

«Warum sollen die Leute uns gratis anstarren dürfen?», erklärte sie meiner Mutter bei einem Glas Tee. «Sieh mal, Kızım, es ist leicht verdientes Geld, nicht im Geringsten illegal. Im Gegenteil: Die jungen Leute können sich nützlich machen und lernen etwas über die Tourismusbranche. Warum sollte nur Meckermann mit den Touren Geld machen?»

Großtante Hatice schüttete ein Glas Tee nach dem anderen in sich hinein, redete über Stadtentwicklung, nachhaltige Investitionen und ungenutztes Humankapital. Und trank noch mehr Tee.

«Tantchen, du bist schon alt und siehst die Dinge vielleicht zu einfach», sagte meine Mutter.

«Was ist schwierig an dieser Geschichte?», erwiderte die Großtante barsch. «Die Touristen kommen sowieso. Sie gaffen sowieso. Na gut, das können sie haben. Aber warum sollten wir nicht ein bisschen daran verdienen?»

Meine Mutter kapitulierte, allein schon, damit die Großtante endlich ging. Mein kleiner Bruder, meine Schwester Gülhan und ich gaben uns fünf. Auf in eine neue Karriere im Showbusiness!

Am nächsten Tag organisierte Onkel Hassan den Auftrittsplan unserer Familie. Weil das korrekte Image wichtig ist, wurde mein Vater als Erstes dazu abkommandiert, sich einen Schnurrbart wachsen zu lassen. Und zwar einen großen, struppigen.

«Warum soll er aussehen wie ein Bauer?», fragte meine Mutter entnervt.

«Was passt besser zu einem anatolischen Gemüsehändler», entgegnete Onkel Hassan, «ein Schnurrbart oder eine Calvin-Klein-Designerbrille?»

«Wir stammen nicht aus Anatolien», brummte mein Vater mürrisch.

Ich bekam Goldkettchen vom Drogeriemarkt und Abziehtattoos vom Kiosk.

«Du machst die Aktionen so oft wie möglich mit nacktem Oberkörper», ordnete Onkel Hassan an, während er meine Muskeln befühlte. «Wir müssen auch den weiblichen Klienten etwas bieten.»

Mein kleiner Bruder stapfte in seinen neuen, zwei Nummern zu großen Markenturnschuhen durchs Zimmer.

«Ab ins Bad, mehr Gel auf die Haare!», befahl Onkel Hassan. Dann war er weg.

Früher konnte man ihn immer im Café treffen, aber jetzt kriegt man ihn nicht mal in seinem neuen Büro zu fassen, obwohl das richtig schick aussieht. Alles aus Glas, mit Überwachungskameras, Security-Personal und einer süßen Sekretärin am Eingang. Hinten sitzt Großtante Hatice und überwacht die Business-&-Sales-Sektion.

In Onkel Hassans Büro hängt ein großes Foto, auf dem er mit Osama bin Laden Tee trinkt. Man kann eine Menge machen mit Photoshop.

Ich habe mich wirklich über meinen neuen Job gefreut, aber es gab ein Problem: Ich konnte nicht jedem davon erzählen. Meinen Kumpels natürlich schon – die machen ja alle selber mit. Nur Johanna durfte davon nichts wissen. Sie geht auf eine Waldorf-Schule, und das ist echt gewöhnungsbedürftig. Was die da veranstalten, klingt wie ein Kindergarten für Große. Dort wird gebastelt und gesungen, man zieht nur Klamotten an, die unter fairen Bedingungen genäht worden sind, und so weiter. Ich habe früher nie darauf geachtet, ob meine Mutter faire Bedingungen hat, wenn sie meine Jeans flickt, aber durch Johanna kriegte ich einen ganz anderen Blick auf die Welt.

Der Haken an der Sache ist, sie steht sehr auf Frieden, ist gegen Atomwaffen und für die Wale, und mit dieser Terrorismus-Nummer hätte sie ein Riesenproblem. Das weiß ich genau. Ihre Mutter liegt ihr sowieso schon dauernd in den Ohren, dass ich kein Umgang für sie sei, und wenn sie von meiner Rolle im Djihad von Meckermann erfährt, dann ist der Ofen aus. Ich hänge meinen neuen Job also nicht überall an die große Glocke.

Seit dieser Meckermann-Geschichte hat sich unser Kiez irgendwie verändert. Inzwischen sind die Touristenbesuche reine Routine. Nicht nur bei uns Profischauspielern. Auch Leute, die nicht an den eigentlichen Aktionen teilnehmen – also Hausfrauen, die gerade beim Einkauf sind, oder Kinder auf dem Schulweg –, reagieren sofort, wenn sie zufällig einen Bus sichten. Die Frauen werfen sich auf herumliegende Pseudoleichen und beginnen lautstark zu lamentieren; die Kinder nehmen Steine aus Körben, die mittlerweile vorsorglich an jeder Straßenecke stehen, und bewerfen die Busse. Dadurch gewinnen die Aktionen sehr an Glaubwürdigkeit. «Jedes Detail trägt zu einer gelungenen Kulisse bei», wie Onkel Hassan immer sagt.

Die Lehrer in der Schule lassen spontanes Mitwirken an Überfällen als Entschuldigung fürs Zuspätkommen gelten, schließlich nehmen auch die Schulen an dem Programm teil. Ab und zu gibt es nämlich Extratouren durch Klassenzimmer, wo Schüler dann publikumswirksam Lehrer schlagen und Mobiliar zertrümmern. Die Lehrer machen aber nur ungern mit. Ihrer Meinung nach haben solche Aktionen langfristige Auswirkungen auf die Klassendisziplin. Typisch Pädagogen. Total humorfrei.

Auch bei unserer Familie läuft inzwischen alles wie am Schnürchen, obwohl ich ehrlich sagen muss, meine Eltern sind die untalentiertesten Schauspieler seit Else Kling.

Weil wir das geräumigste Badezimmer von allen Vertragspartnern haben, ist bei uns zu Hause immer die Hammelschlachtung angesetzt. Sobald unten der Bus vorfährt, bindet sich meine Mutter schnell das Kopftuch um, meine Schwester zieht einen langen Rock über die Hosen, und mein kleiner Bruder versteckt das Englischvokabelheft hinter dem Koran. Das ist ganz praktisch, denn solange er nur stumm die Lippen bewegt, kann er weiterüben und sieht dabei auch noch so aus, als würde er irgendwelche Suren auswendig lernen. Mein Vater holt den ausgestopften Hammel aus dem Flurschrank, legt ihn in die Badewanne, spritzt Ketchup auf die Badezimmerfliesen und steckt ein Brotmesser in das Tier. Wir brauchen nicht länger als drei Minuten dafür. Wenn die ersten Touristen oben an der Tür stehen, ist alles vorbereitet.

«Ganz arme Familie aus Anatolien. Die Eltern sind Analphabeten», erklärt der Reiseführer den Besuchern, sobald meine Mutter die Tür aufmacht. Meistens kommt der Heiko zu uns.

Während er die Touristen durch die Tür schiebt, steht mein Vater einfach mit verschränkten Armen und einem finsteren Gesichtsausdruck da, was wirklich gut rüberkommt, seit er diesen langen Schnurrbart trägt.

«Zu Ihrer Rechten sehen Sie einen Gebetsteppich», erklärt Heiko dann und zeigt auf den Läufer im Flur, den wir mal während so einer Orientalisch-Wohnen-Woche günstig bei Ikea gekauft haben.

«An der gegenüberliegenden Wand befindet sich ein Koranspruch, übrigens auf Arabisch geschrieben. Sehr verdächtig. Das BKA führt ein engmaschiges Monitoring dieser Familie durch, weil sie auf der Schläferliste steht. Aber Sie haben nichts zu befürchten, meine Damen und Herren! Für Sie besteht keinerlei Gefahr. Vor Ihrem Besuch lassen wir alle Wohnungen von unseren Sprengstoffspezialisten durchsuchen, und jede Bombe wird sofort entschärft! Gehen Sie bitte durch ins Wohnzimmer.»

Dort servieren meine Mutter und Gülhan Tee und Süßigkeiten. Gerade, wenn die Leute anfangen, sich ein bisschen zu entspannen, zwinkert Heiko meiner Schwester heimlich zu und winkt die männlichen Touristen zu sich.

«Ich bitte die Herren, die weiblichen Familienmitglieder nicht zu berühren», flüstert er. «Das würde sofortige Blutrache erfordern!»

Wenn er das sagt, starren alle Männer auf einen Schlag meinen Vater an, der eigentlich, laut Ablaufplan, in diesem Moment mit einem Dönerspieß in der Hand auftauchen soll. Aber der hat einfach keinen schauspielerischen Ehrgeiz und steht nur rum.

Heiko drückt aufs Tempo, was nett von ihm ist, denn dann ist die Reisegruppe schnell wieder verschwunden: «Die Pauschalbucher bleiben bitte einen Moment im Wohnzimmer sitzen. Der Rest der Gruppe folgt mir unverzüglich ins Bad. Jetzt kommt nämlich etwas ganz Außergewöhnliches!»

Ein beliebtes Extra, das wir mit der Zeit entwickelt haben, ist das Zusatzangebot *Roots* mit Hammelschlachtung in der Badewanne.

«Archaische Gewohnheiten aus anatolischen Dörfern, mitten in Deutschland!», ruft Heiko dramatisch. «Bitte achten Sie auf Ihre Kleidung, denn das hier ist ein wahres Blutbad! Meckermann übernimmt keine Haftung für selbstverschuldete Flecken.»

Dann quetschen sich die Touristen nacheinander in unser Badezimmer, lassen sich von meinem Vater Ketchup auf die Stirn schmieren, stellen sich zwischen ihn, den Hammel und das Regal mit den Handtüchern, und ich knipse sie. Das gibt immer sehr schöne Erinnerungsfotos, die wir noch während des Besuches auf dem PC meines Bruders bearbeiten. Bevor wir die Dinger ausdrucken und rahmen, können sich die Gäste diverse Sprüche dafür aussuchen. Wahlweise: *Meine erste Schlachtung* oder *Blutbad in Berlin – ich war dabei*. Mein Bruder verdient auf diese Art ein bisschen Taschengeld dazu, solange er für größere Rollen noch nicht in Frage kommt. Die Bilder gehen weg wie Schwimmwesten auf der Titanic. Johanna habe ich auch mal eins von meiner Familie mit dem Hammel geschenkt. Sie bewahrt es in ihrem Portemonnaie auf, dabei ist sie Veganerin. Es sind eben schön gestaltete Fotos.

Aber irgendwie klappt es mit meiner beruflichen Weiterentwicklung nicht so richtig. Personalgespräche mit Onkel Hassan bringen gar nichts. Neulich hatte ich es nach Wochen endlich geschafft, einen Termin bei ihm zu bekommen, aber kaum saß ich in seinem Büro und versuchte, mein Anliegen vorzubringen, winkte er auch schon ab. «Hauptrolle? In deinem Alter? Nein, nein, nein. Ohne harte Arbeit kein Erfolg. Ich beobachte dich genau, deine Leistung als Schauspieler, deine Zuverlässigkeit, Kooperationsbereitschaft bei Proben, Pünktlichkeit, ich hab da ein Auge drauf. Also: Noch ein, zwei Jahre in Statistenrollen, Straßenschläger oder so, mit konstanten Ergebnissen, und wir können über eine Beförderung sprechen. Du kennst doch unser Motto: *Institut für angewandte Kriminalität – Ihr zuverlässiger Partner in Sachen Gewalt.* Das verpflichtet. Erst wenn ich sicher bin, dass du wirklich erstklassig bist, bekommst du Charakterrollen. So, jetzt geh nach Hause und grüß mir deine Eltern!»

Zugegeben, bisher klappten nicht alle Auftritte reibungslos.

Letztens saß ich mit meinen Kumpels friedlich im Café. Die Jungs spielten Backgammon, rauchten ihre Friedenspfeife und quatschten eine Runde. Die Sonne schien durch die Vorhänge, man hörte das Gluckern der Nargileh. Es war ein normaler, ruhiger Nachmittag. Ich hatte es mir auf einem Kissen am Fenster gemütlich gemacht und hing meinen Träumen von Johanna nach. Plötzlich sah ich einen Bus, der langsam um die Ecke bog. Einen Meckermann-Bus.

«Hey Leute, was für ein Tag ist heute?», fragte ich.

«Dienstag, warum?», murmelte einer, ohne vom Backgammonbrett aufzusehen.

Ich sprang auf: «Scheiße! Es ist Dienstag! Halb drei! Heute sind wir doch die Taliban!»

Teegläser und das Backgammonbrett fielen um, als die Jungs ins Hinterzimmer stürzten. Sie rissen die Kostüme aus ihren Sporttaschen, stülpten sich die Turbane auf den Kopf – seit wir die Bärte direkt an den Turban kleben, geht das in einem Griff – und schnallten sich in Windeseile die Gewehre um.

«Wo ist Yüksel? Er ist doch heute die Leiche!»

«Mist! Yüksel ist nicht da. Mach du die Leiche, Alter.»

«Ich will nicht die Leiche machen, da kriegt man doch nur das Basishonorar!»

«Beeilt euch gefälligst!», rief ich vom Fenster aus. «Der Bus hält gleich!»

Ali, die Ersatzleiche, schnappte sich die Ketchupflasche von der Theke und schüttelte sie. «Die ist leer! Verdammt noch mal, wer hat den Ketchup leer gemacht?»

Mein Cousin Mutlu schob unauffällig seine Pommes hinter sich. Ali rannte ziellos durchs Café. «Wo krieg ich jetzt auf die Schnelle das Blut her?»

«Der Bus hält», brüllte ich. «Macht schon! Fangt den Überfall an!»

Die Jungs stürzten nach draußen und zündeten ein paar Knaller, um Zeit zu gewinnen, während ich Ali mit Holunderbionade übergoss. Als sein T-Shirt rot tropfte, rannte er ebenfalls nach draußen und wälzte sich schreiend auf der Straße.

«Übertrieben dramatisch», urteilte mein kleiner Bruder fachmännisch. «Yüksel kann viel besser sterben.»

«Der Ali macht das ganz gut», sagte ich und zeigte auf den Bus, an dessen Fenstern entsetzte Gesichter den blutüberströmten Ali beobachteten. Ein kleiner Trupp kletterte in den Bus, übergab unter «Djihad»-Schreien das Osama-bin-Laden-Bekennervideo und sprang wieder heraus. Der Busfahrer winkte uns kurz zu, fuhr mit quietschenden Reifen an und verschwand um die Ecke.

Einer nach dem anderen kamen die Jungs wieder in das Café.

«Das war knapp», schnaufte einer, nahm den Turban ab, wischte sich den Schweiß vom Gesicht und kämmte das gegelte Haar wieder in die richtigen Furchen. «Bloß gut, dass wir das nicht vergeigt haben, sonst hätte uns Onkel Hassan die Lizenz für die Hauptattraktion entzogen. Welcher Idiot hat eigentlich Buch geführt über die Aufträge von diesem Monat?»

Man hörte eine Tür ins Schloss fallen. Das war mein Cousin Mutlu, der sich auf der Toilette verbarrikadierte.

Trotzdem, das sind alles kleinere Auftritte. Provinztheater sozusagen. Die richtig großen Nummern kommen nur zu Wahlkampfzeiten. Daran sieht man mal wieder, dass in der Politik ein guter Schauspieler gefordert und gefördert, manchmal sogar befördert wird. Ronald Reagan, Forrest Gump – es gibt so einige.

Im Wahlkampf gelten andere Dimensionen. Hammelschlachtung für Meckermann und Straßenschlachten für die CDU, das verhält sich ungefähr so wie Marienhof zu Matrix.

Sobald irgendwelche Wahlen näher rücken, werden alle Aktionen in unserem Viertel auf Eis gelegt. Der Kiez wird ein bisschen hergerichtet; wir stellen ausgebrannte Autos an große Kreuzungen, malen die Graffiti neu nach und vernageln ein paar Schaufenster. Aber ansonsten darf niemand einen Finger rühren, nicht mal einen Kieselstein schmeißen. Onkel Hassan setzt sich in sein Büro und wartet auf Anrufe. Die kommen so sicher wie das Bismillah in der Moschee.

«Hallo? Ja, der bin ich. Wie ist Ihr Name nochmal? Aha. Und Sie machen was? Stellvertretender Bürochef der Wahlkampfleitung? Nein, nein. Sagen Sie Ihrem Chef, er soll persönlich bei mir vorsprechen. Wahlkämpfe plane ich nur mit dem Leiter der Wahlkampfkampagne, nicht mit irgendwelchen Untergebenen.» Dann legt er auf und wartet wieder. Und alle warten mit ihm, denn wir Jungs haben Wetten abgeschlossen, wie lange Onkel Hassan braucht, um die Preise zu verdoppeln. Meistens dauert es nur ein paar Minuten.

«Hallo? Ja, da sind Sie richtig. Genau, so nennt man mich. Wohl zu Recht, haha. Wie kann ich Ihnen helfen? In der Tat, unser Kiez ist ruhig in letzter Zeit. Erfreulich, nicht wahr? Unsere jungen Männer haben überraschenderweise alle Lehrstellen gefunden. Was brauchen Sie? Aber ich bitte Sie, Aufstände kann man nicht einfach so herzaubern. Die jungen Leute müssen unzufrieden sein, arbeitslos, diskriminiert, dann könnte man vielleicht darüber reden, dann reicht ein kleiner Funke, damit alles explodiert. Nein, augenblicklich sind wir sehr zufrieden hier, es geht allen prima, sie haben gut bezahlte Jobs. Sie können mehr zahlen? Das ist ja interessant. Wie viel mehr genau? Koste es, was es wolle? Mir scheint, die CDU räumt ihre Schwarzgeldkonten leer, haha, kleiner Scherz. Wissen Sie, ich glaube, wir sollten uns morgen mal zusammensetzen und den Inhalt Ihrer Portokasse zählen. Und was die Straßenschlachten angeht, darüber machen Sie sich mal keine Sorgen. Das IAK kümmert sich darum.»

Für die Aktionen im Wahlkampf brauchen wir mehr Statisten als Ben Hur. Fußballvereine, Bauchtanztruppen, Konfirmandengruppen – wer mitmachen will, wird angeheuert und bar bezahlt. «Angebot und Nachfrage», sagt Onkel Hassan immer. «Das ist das Gesetz des Marktes.»

Hin und wieder sehe ich Heiko von weitem. In diesen Wochen führt er Journalisten durch unser Viertel. Sobald die Kamerateams aufgestellt sind, ruft er uns an, dann machen wir eine Islamistendemo oder wie immer der Auftrag lautet. Oft reicht schon eine simple, schön gestaltete Schlägerei. Großtante Hatice hatte damals echt den richtigen Riecher.

Aber Wahlkampfzeiten sind verdammt anstrengend. Ich bin voller blauer Flecke, Mutlu liegt flach mit einem Bandscheibenvorfall, und seit Yüksel aus Versehen Ismail einen Zahn ausgeschlagen hat, dürfen beide nicht mehr mitmachen. Wir sind alle froh, wenn die Wahlen vorbei sind – Actionkino ist nicht jedermanns Sache. Außerdem muss man in Wahlkampfzeiten rund um die Uhr arbeiten. Das ist total nervig. Manchmal bin ich gerade mit Johanna unterwegs, im Kino oder so. Dann muss ich plötzlich mitten im Film abhauen, weil ich pünktlich bei einer Schlägerei zu erscheinen habe, und kann ihr nicht mal sagen, was eigentlich Sache ist.

Ehrlich gesagt, ich hatte mich schon damit abgefunden, noch eine Weile Kleinkram zu spielen. Als Mitwirkender in Massenaktionen lernt man schließlich auch eine Menge. Die Rolle als unbeteiligter Passant zum Beispiel, der bei einer Schießerei zu spät in Deckung geht und von einem Querschläger getroffen wird, erfordert durchaus konzentrierte darstellerische Fähigkeiten: In der ersten Sekunde muss man nämlich völlig überrascht sein, in der nächsten sollte einem die Erkenntnis, dass man an der Schwelle des Todes steht, deutlich im Gesicht stehen – und dann bricht man schon zusammen. Viel Zeit, das Ganze auszuarbeiten, hat man nicht.

Ich versuchte also, die Sache positiv zu sehen, und bis heute weiß ich nicht, was Onkel Hassan geritten hat, seine Meinung zu ändern. Aber egal. Denn auf einmal war er da, mein heiß ersehnter Tag. Der Tag, an dem ich meine erste Hauptrolle bekam. Ich durfte endlich meine Schwester umbringen! Als Rächer der Familienehre! Mit Text!

Yüksel kriegte den Auftrag, den Liebhaber meiner Schwester zu geben.

«Bäh, der Yüksel», beschwerte sich Gülhan. «Wehe, der grabscht mich bei der Aufführung an, dann trete ich ihm in die Eier!»

«Ich will keine Meckereien über Rollen hören», sagte meine Mutter streng. «Du wolltest mitmachen, also schön, dann mach auch mit, ohne zu quengeln! Und pass bitte auf, wenn dein Bruder mit dem Messer herumfuchtelt. Du weißt, er hat zwei linke Hände. Nachher passiert noch was.»

Onkel Hassan ging mehrmals die Abfolge mit mir durch. «Bus hält an, Touristen steigen aus, Yüksel kommt mit deiner Schwester im Arm. Sie gehen dicht an der Gruppe vorbei. Du erscheinst aus der Seitenstraße, beschimpfst sie – dabei unbedingt laut ‹Ehre› und ‹Rache› schreien –, hebst das Messer ganz hoch, damit es auch alle sehen, und stichst auf beide ein. Ich gebe Yüksel und Gülhan je einen Beutel Blut. Denk daran: Es muss alles sehr schnell gehen.»

Vor dem Auftritt machte ich mich schön zurecht: viel Gel, Goldkettchen um Hals und Hände, weiße Schuhe.

«Du stinkst nach Parfüm», grinste mein kleiner Bruder und hielt sich die Nase zu.

«Ich will nachher mein Küchenmesser zurückhaben», sagte meine Mutter. «Heute Abend gibt es Gulasch.»

Der Auftritt war großartig. Ich schwebte über der Szene, und alles spielte sich ab, als wäre es ein Film. Der bewegendste Film aller

Zeiten. Die Menschenmenge. Yüksel in seiner mickrigen Neben-
rolle. Meine Schwester Gülhan, fast nicht zu erkennen unter ihrem
Kopftuch. Die weit aufgerissenen Augen der Touristen, als ich mir
schreiend mit dem Messer in der Hand einen Weg durch die Menge
bahnte. Die Atmosphäre nackter Angst. Das Messer, das in der Sonne
blitzte, als ich es ein paar Mal in die Luft warf. Yüksel, der Banause,
zischte: «Mach schon, du Idiot!», aber er konnte meine sensationelle
Performance nicht stören. Meine Schwester, die zu Boden ging. Die
Schreie: «Haltet ihn! Hilfe!»

Das war mein Durchbruch. Ab jetzt würde ich nur noch Haupt-
rollen annehmen: der Drogenboss. Der Pate. Osama bin Laden persönlich. Dann kam mein Monolog über Ehre, den ich vorbereitet
hatte. Mit Zitaten aus *Spiel mir das Lied vom Tod*.

«Los, stich schon», flüsterte Gülhan mittendrin, als ob man einen solchen Moment unterbrechen könnte. Schließlich riss sie sich
den Blutbeutel selber auf, die Frauen kreischten, ich tauchte meine
Hände in die rote Soße und hob das tropfende Messer hoch über
meinen Kopf. Es war grandios.

Plötzlich passierte etwas, das nicht im Drehbuch stand: Johanna
tauchte auf, einfach so, obwohl wir gar nicht verabredet waren. Sie
stand mit starrem Gesichtsausdruck neben den schreienden Touristen. Erst schaute sie auf Gülhan, die ihr nett zulächelte, was man wegen der Blutlache nicht gut erkennen konnte, dann auf das Messer,
das ich wie eingefroren noch immer in die Höhe hielt. Ich spürte,
wie Onkel Hassans Kunstblut langsam auf meinen Kopf tropfte.

«Johanna – ich ... ehm ... ich kann das erklären! Es ist nicht das,
was du denkst!»

Doch sie guckte nur auf das Messer. Ich muss zugeben, die Situation konnte man wirklich missverstehen. Ich senkte das Messer, aber
jetzt dachten die Touristen, ich wolle sie attackieren, und rannten,
was das Zeug hielt. Die Straße war schlagartig leer. Übrig blieben nur
Johanna und ich. Und meine Schwester natürlich, die zwischen uns
auf dem Boden lag und Leichenstarre übte.

«Meine Mutter hatte recht! Du bist ein Messerstecher wie ihr alle!», heulte Johanna.

«Nee, ist er nicht», sagte Yüksel, der sich auch noch am Set herumtrieb. «Der kann überhaupt nicht mit Messern umgehen, obwohl ich oft genug versucht habe, es ihm beizubringen. Der hat wirklich zwei linke Hände und ...»

«Yüksel! Halt's Maul!»

Zu spät. Umsonst. Das war's. Johanna drehte sich um und ging. Meine große Liebe hatte ein jähes Ende gefunden. Die Straße lag einsam in der Sonne. Ich blieb allein mit meinem Elend. Doch vielleicht ist das der Moment, in dem echte Schauspieler lernen, großes Drama zu spielen.

Aus dem Handbuch zur Integration

Wir lernen von deutschen Politikern: die Leithammel der Leitkultur

Ich schau ja gerne die Nachrichten. Ich geh auch wählen alle vier Jahre, egal, was für Nasen da von den Wahlplakaten runtergucken. Also, ich bin ein vorbildlicher Staatsbürger, jedenfalls, was so Wahlkram angeht. Nur mit den Gesetzen, da hapert's bei mir 'n bisschen, da steh ich nicht ganz so hinter, aber das ist berufsbedingt. Ich hör mir auch an, was Politiker im Fernsehen alles erzählen, weil ich denke, das sind ja kluge Leute, sonst würden sie nicht so viel Geld verdienen, und wer weiß, vielleicht kann ich da was von lernen. Außerdem muss ich immer auf dem Laufenden bleiben wegen neuer Gesetze und so. Berufsbedingt.

Aber es gibt Politiker, wenn die nur den Mund aufmachen, da denk ich: Was soll der Quatsch? Also, wenn ich den Roland Koch so höre, was der immer redet, dass es «zu viele junge kriminelle Ausländer» gibt, da krieg' ich so 'n Hals. Ich bin Experte in der Sache: Unsere Familie kommt nämlich aus der Branche, aus'm kriminellen Gewerbe. Vattern hat nach'm Krieg fleißig Kohle geklaut, und als es Kohle wieder zu kaufen gab, hat er schon Spaß an der Sache gehabt und ist weiter beim Klauen geblieben. Taschendiebstahl, kleine Überfälle, also stabile Arbeit, aber 'ne richtige Karriere als Gauner hat mein Vater nie gemacht, der war nie so ehrgeizig.

Ich hab da mehr aus mir gemacht, bin in die Autoknackerbranche eingestiegen, hab mich hochgearbeitet und sogar inzwischen meine eigene Bande zusammen mit dem Jupp – ich nenn das ‹die Firma›. Da kann man schon stolz drauf sein. Hab ich mich eigentlich schon vorgestellt? Ich bin der Hans Werner, aber in unserer Branche heiß ich ‹der Harvey›. Steht sogar auf'm Steckbrief.

Wo war ich stehengeblieben? Ach so, die Anni, meine Frau, als wir uns kennenlernten, da war die 'ne Eins-a-Scheckbetrügerin. Aber als unser Sohnemann geboren wurde, ist sie ausgestiegen, Babyjahr und so. Ich hab dann gesagt: «Anni, Scheckbetrug kannste auch halbtags machen», aber dann gab's keinen Platz in der Kinderkrippe, und in unserer Branche muss man am Ball bleiben, sonst ist man draußen. Mein Jung, der ist jetzt schon so groß, der fällt gerade noch unters Jugendstrafrecht. Aber ob aus dem mal was wird ... Der kann nicht mal 'nen Wagen ohne Alarm knacken! Sitzt den ganzen Tag nur am Computer, und wenn ich was sag, heißt es gleich: «Vati, stör nicht, ich hack grad die Bank!» Und meine Anni sagt: «Lass ihn, da liegt die Zukunft.»

Sehn Se, ich kenn die Branche. Und wenn ich den Koch über kriminelle Ausländer reden höre, da krieg ich so 'n Hals. Weil, die Politiker und die Zeitung und das Fernsehen, wenn die von Kriminellen reden, dann heißt es immer «Ausländer», «Türken», was weiß ich. Meinen Se, da ist auch nur einmal von deutschen Kriminellen die Rede?! Nee! Wir werden die ganze Zeit ignoriert, obwohl wir diejenigen sind, die die meiste Arbeit in der Branche machen – damit das mal klar ist! Ein Beispiel: Vor 'n paar Jahren hab ich 'nen Neuen in unsere Bande aufgenommen, den Marek. Der kam aus Polen. Deutsch konnte der nicht, Autoknacken auch nicht, den musste ich erst mal anlernen. Aber wir sind ja ein Ausbildungsbetrieb. Der Marek war noch in der Probezeit bei uns, als er geschnappt wurde. Und was stand groß in der Zeitung? «Polnische Autoknackerbande gefasst!» Dabei war der nur der Lehrling, ich war der Boss! Aber von mir war nicht die Rede, nur wieder «Ausländer, Ausländer» – also, da krieg ich so 'n Hals. Unsereins rackert sich ab, Jahr um Jahr, und die kommen sofort in die Zeitung, nur weil ein Politiker gerade Wahlkampf macht.

Seitdem überleg ich mir, bevor ich Ausländer in unsere Bande aufnehme. Ich hab ja keine Vorurteile, aber so 'n Moslem, der betet fünfmal am Tag, wie soll das denn gehen bei 'nem Einbruch? Mittendrin Betpause machen? Nee, nee, da steh ich als Katholik besser da.

Ich kann in der Woche in Ruhe einbrechen und Autos knacken, und am Sonntag geh ich in die Kirche und beichte. Fertig.

Also, dass immer die ausländischen Kriminellen in die Zeitung kommen, find ich ungerecht. Neulich war ich mich mal wieder am Aufregen, da sagt mein Jung: «Vati, ich hack mal die Datenbank von der Polizei und guck mal nach.» Und wissen Se, was da stand? 83 Prozent aller Straftaten werden von Deutschen begangen. Hallo! Von uns! Wissen Se was? Der Roland Koch lügt.

Und was der alles quatscht – der hat von Tuten und Blasen keine Ahnung. Sagt der doch allen Ernstes, dass die jugendlichen Straftäter sofort in den Knast kommen sollen, dann würden sie nie wieder was anstellen. Ja, wo glaubt der denn, wo man als Krimineller die besten Kontakte macht? Im Gefängnis natürlich! Das ist für unsereins wie 'n Fachkongress. Mal 'n Beispiel: Ich hab den Jupp im Knast kennengelernt, und wegen ihm bin ich überhaupt in die Autoknackerbranche eingestiegen, sonst würd ich heut noch auf der Domplatte Portemonnaies klauen. Sehn Se, das war wichtig für meine Karriere.

Mein Jung, der hat noch nie 'ne Zelle von innen gesehen, der knackt ja auch nur Passwörter und keine Autos. Die Anni sagt immer: «Wenn die ihn mal erwischen, hoffentlich kommt er dann in so 'n Jugendcamp.» Und ich sag: «Anni, im Knast lernt der Jung alles, was er als Krimineller draußen braucht. So 'ne Ausbildung könnten wir ihm nie finanzieren. Aber wenn er im Jugendcamp absitzt, da kommt er raus, redet wie 'n Sozialarbeiter und wählt grün. Willste das wirklich, Anni?» Das hat sie dann eingesehen.

Aber das ist noch nicht alles, was der Roland Koch für 'n Scheiß erzählt. Er meint nämlich auch, dass kriminelle Ausländer abgeschoben werden sollen. Da ist einer hier geboren worden, ist hier zur Schule gegangen, hat hier 'n Überfall gemacht, aber in den Knast soll der im Ausland – ja ham se die noch alle? Stell'n Se sich mal vor, aus'm Ausland würden die alle ihre Kriminellen hierherschicken, nur weil einer 'nen deutschen Großvater hatte. Da würden die sich in der JVA aber bedanken! Also, wenn ich so was höre, krieg ich so 'n Hals. Hat ein Türke hier was ausgefressen, kriegt der 'nen Flug nach

Antalya bezahlt! Und was ist mit uns kölschen Kriminellen?! Mal 'n Beispiel: Vor 'n paar Jahren bin ich in Frankfurt verhaftet worden. Ja, da hab ich dann auch in Frankfurt im Knast gesessen. Meinen Se, der Koch hätte mich nach Kölle abgeschoben? Nee! Die Anni musste immer mit der Bahn kommen, um mich zu besuchen.

Aber bei einer Sache, da hat der Koch recht. Wer in Deutschland lebt, der soll deutsch reden. Also, in dem Knast in Frankfurt, da ham se alle hessisch geredet, und ich hab kein Wort verstanden. Wer wat zu verzälle hätt, der soll et op Kölsch tue!

Aber der Koch ist ja nicht der einzige Politiker, der so 'n Scheiß erzählt. Brauch ich nur den Fernseher anzuschalten, dann denk ich schon: Was soll der Quatsch?

Letztens auf der Innenministerkonferenz, da haben die Politiker gesagt, sie wollen zwei Statistiken über uns Kriminelle führen: eine Statistik für deutsche Kriminelle mit deutschen Eltern und eine Statistik für deutsche Kriminelle mit nichtdeutschen Eltern. Und es gibt ja sowieso noch 'ne dritte Statistik für ausländische Kriminelle. Da frag ich mich doch jetzt: Wozu brauchen die zwei Statistiken für deutsche Kriminelle? Ist doch völlig egal bei 'nem Einbrecher, ob dem sein Vater aus'm Westerwald ist oder aus'm Kosovo! Einbruch ist Einbruch. Wenn die Bullen wissen, ob von 'nem Taschendieb seine Oma aus Italien kommt, kriegen die den dann schneller zu fassen? Machen die dann 'ne Rasterfahndung inne italienischen Eisdielen oder was? Und in welche Statistik kommt dann ein Krimineller, von dem die Mutter aus Kölle kommt und der Vater aus der Türkei und der aber in 'ner deutschen Bande angestellt ist?

Ich krieg so 'n Hals bei diesen Statistiken. Mein gesamtes Berufsleben ackere ich in der Autoknackerbranche und hab mir da auch 'nen Namen gemacht. Hab jahrelang malocht, Autos geknackt im Akkord und bin hier der King im Revier. Ich steh ganz oben in der Autoknackerstatistik. Aber wenn die jetzt noch 'ne Statistik haben für deutsche Autoknacker mit ausländischen Eltern – in *der* Statistik ist dann der Jean ganz oben, der ist 'ne kölsche Autoknacker wie du und ich, aber dem seine Alten kommen aus Frankreich. Der Jean knackt viel weniger Autos als ich, der macht zu lange Mittagspausen, aber in der separaten Statistik steht der dann ganz oben! Nee, nee, sind wir hier bei der Schwergewichts-Boxweltmeisterschaft oder was? Also, ich sag mal so als Fachmann: *Eine* Kriminalstatistik reicht, alles andere ist kriminell.

Und noch was, die dritte Statistik, die nur für ausländische Kriminelle, die ist so was von unfair! Da krieg ich so 'n Hals! Wissen Se, wie ich das gemerkt habe? Ich hab 'nen Kumpel, der John aus Afrika. Gut, dass der John das jetzt nicht gehört hat, denn der ist immer sauer, wenn ich sag «John aus Afrika». Sagt der John jedes Mal: «Afrika ist ein Kontinent und kein Land, du Depp! Du sagst ja auch nicht: ‹Ich bin der Harvey aus Europa!›» – «Nee, natürlich nicht», sag ich dann, «ich bin ja aus Köln!» Da verdreht der John nur die Augen. Jedenfalls kommt der aus Sierra Leone. Das ist ein Land in Afrika, weil, Afrika ist nämlich ein Kontinent.

Wo war ich stehengeblieben? Ach ja, den John ruf ich immer an, wenn's bei uns was zu streichen gibt, der ist 'n klasse Maler und Lackierer. Endlich mal ein Schwarzarbeiter, der den Namen verdient, sag ich dann zu ihm. Sagt der John jedes Mal: «Halt's Maul, du Weißwurst!» Bei so Sprüchen wird er immer schnell patzig; ansonsten ist der John aber so 'n ganz Lieber. Irgendwann erwähnte er mal beiläufig, dass er 'ne Menge Verfahren am Hals hätte und haufenweise Vorstrafen. Mehr Vorstrafen als ich!

«Was, du?», sag ich total platt. «Wie kommt denn das? Du bist ein Kollege?!» – «Nee, nee», meint er da, und dann hat er mir erklärt, dass er hier in Deutschland nur wegen Asyl ist. Bei ihm zu Hause war so lange Krieg, bis er es leid hatte und umgezogen ist – er wollte nämlich lieber am Leben bleiben –, und wenn jemand ein Asylverfahren hat, dann darf er sich nur in der Stadt aufhalten, wo er gemeldet ist, und sobald er in 'ner anderen Stadt erwischt wird, kriegt er 'ne Anzeige. Nun wohnt Johns Freundin aber in Hamburg, und die hat zwei kleine Kinder und kann deswegen nicht gut verreisen, also fährt der John am Wochenende immer zu ihr. Und jedes Mal, wenn er erwischt wird – zack! – Verstoß gegen die Asylauflagen. Da treibt der Gute die Kriminalstatistik hoch, nur mit Bahnfahrten zu seiner Freundin! Touristik, das ist alles! Aber unsereins muss richtig an die Arbeit – Einbrüche machen, Überfälle, Betrug und all so was, bevor wir in *unserer* Statistik landen, also in der Statistik für deutsche Kriminelle. Die Verbrechen, für die der John vors Gericht kommt, die *kann* ich gar nicht begehen, selbst wenn ich es wollte. Das sind extra Ausländer-Verbrechen! Also, was die Politiker sich dabei gedacht haben – kennen die nicht den Spruch von wegen Gleichheit vor dem Gesetz? Ich will auch die Verbrechen begehen können, die jeder Asylant begehen kann! Sonst wird die Statistik total verfälscht, und es sieht aus, als wär' der John ein Schwerverbrecher und ich in meiner Branche nur 'n kleines Licht. Also nee, da krieg ich so 'n Hals.

Das ist eben typisch Politiker, die denken einfach nicht mit. Da machen die so Gesetze, damit weniger Ausländer nach Deutschland kommen – gut, das kann ich verstehen. Ich will ja auch nicht, dass die halbe Bronx hier einzieht und die Mafia und die Triaden, dann könnt' ich in meiner Branche nämlich einpacken, denn das sind Meister ihres Fachs, das sind die echten Profis. Aber wenn man so Gesetze macht gegen zu viele Ausländer, dann muss man auch mal an die anderen denken. Zum Beispiel der John. Kann man doch verstehen, dass der aus seinem Land wegzieht, wenn da so viel Krieg ist! Und an unsereins haben die Politiker auch nicht gedacht, sonst gäb's nicht für verschiedene Leute unterschiedliche Verbrechen zum Begehen. Politiker sind doch kluge Leute, sollte man meinen, wenn die sich schon die ganzen Gesetze ausdenken und so, aber von wegen. Manchmal versuche ich, meinen ausländischen Kumpels – dem Marek oder dem John halt – die deutsche Politik zu erklären, aber dann denk ich selber jedes Mal: Was soll der Quatsch?!

Ist doch interessant, dass die Politiker sich nie an das erinnern, was sie gestern noch laut rumposaunt haben! Ich erzähl Ihnen mal was, das ist zwar schon 'ne Weile her, aber die Hauptfigur schimpft sich immer noch Politiker: Eine Zeitlang, da gab's in Deutschland eine Green Card, das bedeutet Grüne Karte, hat aber nichts mit der Umwelt zu tun, ist auch nicht wie Gelb und Rot beim Schiri, sondern hieß: Ampel auf Grün für intelligente Ausländer. Die Politiker hatten nämlich gemerkt, so viele Leute mit Grips, wie wir brauchen, haben wir gar nicht bei uns. Also sollten Leute mit Köpfchen aus dem Ausland her, Ingenieure und Wissenschaftler und so, und die sollten so eine Grüne Karte bekommen. Für blöde Ausländer steht die Ampel weiterhin auf Rot; Idioten haben wir schließlich selber genug. Da hab ich mir gedacht: Super! Heuern wir uns doch so 'n Computergenie aus Indien an, der ist bestimmt billiger als einer von hier, da können wir endlich in die Datenbanken von den Bullen rein und gucken, ob die uns auf die Schliche gekommen sind. Wir also 'ne Stelle ausgeschrieben – da mussten wir ein bisschen schwindeln bei der Formulierung, wir haben es ‹innovatives Unternehmen mit unkonventioneller Arbeitsweise› genannt –, und es kamen wirklich Bewerbungen rein. Aber kaum hatten wir uns einen passenden Inder ausgeguckt, der hatte schon den Flug gebucht, da kam der CDU-Rüttgers mit seiner Wahlkampagne in Nordrhein-Westfalen. Wissen Se noch, wie die hieß? ‹Kinder statt Inder›, stell'n Se sich das mal vor. Als unser Inder davon gehört hat – Flug storniert, uns abgesagt und stattdessen nach Amerika gezogen. Klar, der war nicht blöd, deswegen war er ja ein Grüne-Karte-Kandidat. Und da standen wir nun, aus der Traum, unser Geschäft ein bisschen professioneller zu führen. Seitdem muss mein Sohnemann den Computerkram für uns machen, so gut es geht. Kinder statt Inder eben.

Gewählt wurde der Rüttgers mit dieser Kampagne damals übrigens nicht. Vor der letzten Wahl hat er sich so saudummes Zeug verkniffen, da ist er auch gewählt worden. Jetzt tut er so, als ob er nie solche Scheiße von sich gegeben hätte, aber ich vergess so was nicht!

Wie soll man sich an Leuten ein Beispiel nehmen, die heute behaupten, dass sie gestern schon vergessen hätten, was sie vorgestern gesagt haben? Und da heißt es immer, in unserer Branche hätten wir keine Moral! Ich sag Ihnen, im kriminellen Gewerbe kommt man ohne Moral nicht mal bis zur nächsten Ecke ohne 'ne Neun-Milli- meter im Rücken. Stell'n Se sich mal vor, ich würd' meinen Partner Jupp verpfeifen. Da würde es keine fünf Minuten dauern, bis ich all seine Kumpels am Hals hätte, um mir klarzumachen, was Wort- bruch bedeutet! Politiker können eine Sache versprechen und 'ne andere tun, und all ihre Parteigenossen finden das in Ordnung. Und wenn ein Politiker richtig Scheiße gebaut hat und vor so einem Un- tersuchungsausschuss landet, dann sagt er einfach, er hat Erinne- rungslücken. Sein Gedächtnis hat ihn im Stich gelassen. Der Arme! Ja, was meinen Se, wie das für unsereins ist bei 'nem Verhör oder im Gericht? Wenn ich da sagen würde: «Tut mir leid, Herr Vorsitzen- der, ich erinnere mich leider nicht mehr, wie der Porsche von Herrn Müller in meinen Besitz kam, ich leide unter Gedächtnislücken», da lachen die sich doch kaputt! Da krieg ich nochmal extra Strafe auf- gebrummt wegen mangelnder Kooperation. Aber für Politiker gelten halt andere Maßstäbe. Also, da krieg ich so 'n Hals.

Überhaupt, das mit den unterschiedlichen Maßstäben. Die einen müssen was beweisen, um was zu werden, was die anderen schon sind, ohne dass die beweisen mussten, ob sie dafür taugen – und in Wirklichkeit taugen die gar nicht dafür. Wissen Se, was ich meine? Nee? Dann erklär ich das mal, denn das ist so bescheuert, da muss man schon Politiker sein, um auf so was zu kommen.

Also, der Sohn von meinem Kumpel Jupp, meinem Partner in der Firma, der hat 'ne neue Freundin, die kommt aus Afrika. Waren wir neulich mal beim Jupp zum Kaffeetrinken, und wie der uns seine Quasi-Schwiegertochter vorstellt, sag ich zu ihr: «Aha, Afrika. Aus welchem Land denn?» Da strahlt das Mädel mich an, als wie wenn die Sonne aufgeht, und sagt: «Die meisten Deutschen denken, Afrika ist ein Land, kein Kontinent! Sie sind ein sehr gebildeter Mann!» Hat die sich so gefreut, dass ich über die Welt Bescheid weiß, dass sie mich gefragt hat, ob ich ihr helfen kann bei der Vorbereitung auf die Prüfung beim Ausländeramt. Man muss nämlich 'ne Prüfung machen, um deutsch zu werden, wussten Se das? Wie 'ne Fahrprüfung, nur schwieriger.

Die Binta, so heißt sie, die kommt aus Ghana. Jetzt will sie einen deutschen Pass. Sie ist nämlich schon so lange in Deutschland, dass sie sich gar nicht mehr ghanesisch fühlt, ich meine ghanarisch, also ich meine, sie möchte hierbleiben. Sie hat 'nen festen Job, und der Sohn vom Jupp ist anscheinend auch ein guter Grund – warum, ist ihr ein Rätsel, sagt meine Anni, ein kluges Mädchen wie die Binta wäre doch viel zu gut für diese Dumpfbacke, aber wo die Liebe hinfällt, sag ich.

Ich soll der Binta also helfen von wegen der Deutschprüfung. Und von wegen der Kultur hier im Lande, damit sie Bescheid weiß, wie der Laden so läuft. Klar, kein Problem, hab ich ihr gesagt. Ich dachte, ich nehm sie mal mit auf 'ne Kneipentour und erklär ihr die Unterschiede zwischen Kölsch und Pils und Weizen. Aber nee, erstens kannte sie die schon, und zweitens hat sie mir 'nen Zettel gezeigt, wo draufstand, dass es um Folgendes geht: ‹Nachweis von Kenntnissen der Rechts- und Gesellschaftsordnung und der Lebensverhältnisse in Deutschland›. Das ist nämlich Einbürgerungsvoraussetzung, sagt die Binta. Ach du Scheiße, denk ich, das kenn ich doch auch nicht! Gut, dass ich schon Deutscher war, als ich geboren wurde, sonst hätte ich mich nie einbürgern können!

In diesem Test, da sind so Fragen drin wie: «Was macht die parlamentarische Opposition im Bundestag?» Ja, woher soll ich denn wissen, was die Opposition grad macht? Schlafen vielleicht oder dumme Zwischenrufe rufen! Wenn es sich um die FDP handelt, ist die sowieso hauptsächlich damit beschäftigt, nicht aus dem Bundestag rauszufliegen. Oder eine andere Frage in dem Test lautet: «Wie viele Bundesländer hat die Bundesrepublik Deutschland?» Meinen die jetzt vor der feindlichen Übernahme oder danach? Wahrscheinlich eher danach, aber da muss man höllisch aufpassen, sonst ist man ratzfatz verraten und verkauft, bloß weil man den momentan aktuellen Grenzverlauf nicht auf dem Schirm hat. Als ob das einer von uns wüsste – mit den ganzen Ostgebieten dabei! Aber die Ausländer, die sollen das wissen, damit sie Deutsche werden können. Die Ossis brauchen den Test zum Beispiel gar nicht zu machen. Es gibt halt gute Deutsche, schlechte Deutsche und Ausländer. Eigentlich müsste man noch den Begriff ‹neuer Bundesausländer› einbringen. Wäre doch nur korrekt, oder?

Außerdem, hat mir die Binta erklärt, gibt es noch eine wichtige Einbürgerungsvoraussetzung, nämlich das ‹Bekenntnis zur freiheitlichen demokratischen Grundordnung des Grundgesetzes für die Bundesrepublik Deutschland›. Das umfasst – so steht jedenfalls auf diesem Infozettel vom Ausländeramt – «die Werteordnung des Grundgesetzes, die inhaltsgleich für alle Staaten der Europäischen Union gilt. Dazu gehören unter anderem der Schutz der Menschenwürde, die Gleichberechtigung von Mann und Frau und das Gewaltmonopol des Staates, das heißt, außer dem Staat darf in der Bundesrepublik Deutschland niemand Gewalt gegen einen anderen anwenden, es sei denn in Notwehr.»

Mannomann, denk ich. Himmel, Arsch und Zwirn! Gut, dass mich da niemand nach abfragt! Die Gleichberechtigung von Mann und Frau – okay, das kann ich unterschreiben. Die Anni würd' mir was husten, wenn ich das nicht täte. Schutz der Menschenwürde – auch gut, warum nicht? Wenn's das nicht gäbe, dürften die Bullen mich bei jeder Verhaftung verprügeln, soviel sie wollen, also Menschenwürde ist prima, da hab ich selber was von.

Gewaltmonopol des Staates – tja, da wird's schon schwieriger. Ich muss ja bei der Ausübung meines Berufes öfters mal 'nem Wachmann eins überbraten, so ungern ich das tue, das lässt sich einfach nicht vermeiden. Das heißt aber, wenn ich jetzt laut sage: «Ich bekenne mich zur freiheitlichen demokratischen Grundordnung des Grundgesetzes», dann stehe ich nicht so richtig dahinter, innerlich gesehen. Und ich weiß von der Binta, das ist ein Problem. Nämlich die Ausländer, die einen Einbürgerungsantrag stellen, müssen innerlich dahinterstehen, sonst kann man ihnen hinterher den deutschen Pass wieder abnehmen, wenn man merkt, dass die nur äußerlich zum Grundgesetz stehen, aber innerlich nicht.

Also, da krieg ich so 'n Hals! Wer hat sich denn diese Scheiße ausgedacht? So im Inneren, vom Gefühl her muss man auch zum Grundgesetz stehen, als wär's 'ne Religion, also nee! Das muss den Bullen doch klar wie Kloßbrühe sein, dass ich nicht so richtig dahinterstehe. Als Autoknacker hab ich eben meine persönlichen Konflikte mit dem Gesetz, berufsbedingt. Nehmen die mir vielleicht den Pass ab, wenn sie Bock haben? Dann sitz ich hier fest und kann nie mehr nach Holland ans Meer fahren! Mit ‹Holland› und ‹Meer› meine ich nicht nur, wenn die Anni und ich im Urlaub sind, sondern ich fahre öfters mal die Wagen, die ich hier im Rheinland geknackt habe, nach Rotterdam. Da kenne ich ein paar Typen am Hafen, die haben immer Bares für mich und einen leeren Container für ein gutes Auto … Sehen Se, das ist ein bisschen problematisch für mich, wenn man auch innerlich hinter dem Grundgesetz stehen soll, nur um ein Deutscher zu sein. Und ausgerechnet ich soll der Binta bei den Vorbereitungen auf ihre Einbürgerungsprüfung helfen! Deutsch, null Problemo, das mach ich mit links. Aber dieser Staatsbürgerscheiß? Nun hab ich das aber schon versprochen, und Versprechen muss man halten, ich bin ja kein Politiker. Das heißt, jetzt muss ich den ganzen verdammten Kram auswendig lernen, sonst kann ich dem Mädel ja nicht Nachhilfe in Deutschsein geben. Find ich verdammt unfair, dass die Binta das alles wissen muss, um Deutsche zu werden, und wir wissen das alles nicht – ich nicht, die Anni nicht, der Jupp nicht und der Döskopp von seinem Sohn schon gar nicht. Und wir dürfen trotzdem alle deutsch bleiben! Jedenfalls so lange, bis die Bullen draufkommen, dass ich innerlich gar nicht so dahinterstehe. Hinter all den Gesetzen, mein ich, und da werden sie mir – zack – den Pass abnehmen. Und dann? Was bin ich denn dann, wenn ich nicht mehr Deutscher sein darf? Da wird man ja nicht automatisch Italiener oder so … Ach, natürlich, hätt' ich fast vergessen: Ich bin ja dann immer noch 'ne kölsche Jong. Also gut, soll'n sie mir den Pass doch abnehmen. Haupsach, mer kann in Kölle blievve und verpasse nit dä Karneval!

«Integration ist ein Geben und Nehmen», sagt Umesh N. «Wenn man dies ernst nimmt, bedeutet es, den Deutschen bewusst dort zu helfen, wo sie uns wirklich brauchen. Erst dann kann ich mit Fug und Recht behaupten, dass ich meinen Teil zum friedlichen Zusammenleben der Kulturen beitrage.»

Umesh N. stammt aus Indien. Der hoch gewachsene, schlanke Mann lebt seit vielen Jahren in Deutschland, ist verheiratet und in seinem Wohnort Kassel als Unternehmensberater in der Chemiebranche tätig. Für den heutigen siebten Teil unserer Reportagereihe *So schön ist Integration* begleiten wir ihn auf seinen Wanderungen durch Ansen-Sachshalt. Dieser Mann, Preisträger der *Schäuble-Medaille für gezielten sozialen Artenschutz*, gilt als Vorbild an gelungener Integration und verantwortlichem Staatsbürgertum. Wie er das im täglichen Leben umsetzt, werden wir einige Tage lang beobachten. (Es sei hinzugefügt, dass wir für diese Dokumentation mit zwei Reportern unterwegs sind, damit auch in brenzligen Situationen einer übrigbleibt, um sie zu Ende zu schreiben.)

Umesh N. hat eine typisch deutsche Eigenart für sich entdeckt: das Wandern. «Ein wichtiger Punkt auf dem Weg zu einer erfolgreichen Integration ist das Kennenlernen der neuen Heimat. Nur so kann sich eine echte emotionale Bindung zum deutschen Staat entwickeln, die ausschlaggebend für die Identifikation mit diesem Land ist», führt er aus, während er den Wanderweg auf der Landkarte einzeichnet. «Deutschland ist für seine landschaftlichen Schönheiten bekannt. Wer einmal den erhebenden Anblick von Rüben auf Rügen oder die blühende Heide in der Heide erblickt hat, wird kein Verfechter der doppelten Staatsbürgerschaft bleiben. Und wie lassen sich die Schönheiten der hiesigen Landschaft besser erschließen als auf Schusters Rappen?»

Methodisch legt er die Ausrüstung für die Wanderung zurecht: festes Schuhwerk, Regenjacke, Kompass, Landkarte und Rucksack. Wir wundern uns ein wenig über die zusätzlichen Utensilien wie Helm und Nierenschutz. Hat er ein Motorrad? «Wissen Sie», schmunzelt er auf unsere Nachfrage, «*mit* fühlt es sich einfach besser an. Es kann losgehen!»

Umesh N. beginnt seine Integrationsoffensive an einem Ort im Osten, dem kleinen, malerischen Schkeuburg-Groitzpau. Ein ruhiges Städtchen – man könnte es fast verschlafen nennen – mit einem Marktplatz als Mittelpunkt des geschäftlichen Lebens und einer Kirche aus dem zwanzigsten Jahrhundert. Bevor die Tour beginnt, stärkt sich unser Wanderer noch einmal in einer örtlichen Gaststätte, dem freundlichen, gut organisierten Lokal *McDonald's*, in dem auch Neubürger sich schnell zurechtfinden. Am nördlichen Ende des Marktplatzes befindet sich noch eine weitere gastronomische Einrichtung. Sie trägt den klangvollen Namen *Rudis Sporteck*, jedoch fühlen sich dort – laut Aussage Eingeborener – ortsfremde Besucher erfahrungsgemäß nicht allzu wohl. «Das muss man respektieren», sagt Umesh N. «Deutsche wollen auch mal unter sich bleiben. Ich kann das gut verstehen. Sogar bei mir gibt es Tage, wo ich am liebsten nur unter Deutschen bin. Am Heiligen Abend zum Beispiel. Es ist einfach nicht dasselbe, wenn man mit Hindus Weihnachten feiert. Kerzen machen sich nun einmal besser am Weihnachtsbaum als Räucherstäbchen.»

Der vorbildlich assimilierte Südasiate bietet einen schmucken Anblick: ein Hütchen mit Gamsbart auf dem Kopf, fest geschnürte Wanderschuhe und gestrickte Wollstrümpfe mit Zopfmuster, aus denen eigentümliche Plastikteile ragen, die seinen Schienbeinen ein leicht eckiges Aussehen geben. Sein Körper macht, vor allem wegen der weit ausgebeulten Schultern, einen etwas unförmigen Eindruck. Doch munter schwenkt er seinen Wanderstock, und seine gute Laune ist ansteckend.

Wir begleiten Umesh N. auf seinem heutigen Wanderweg aus dem südlichen Ortsausgang hinaus durch eine Schrebergartensiedlung, an deren Gartenzäunen viele Fahnen anmutig im Wind flattern. Ihre schwarz-rot-weißen Farben harmonieren einträchtig mit dem Grün sauber gestutzter Zierrasenflächen. Unter fröhlichem Rottweiler-gebell geht es weiter auf die Landstraße. Diese führt – an einem Sportplatz vorbei – geradewegs in die Weite und ist gesäumt von hübschen weißen Pfählen mit Reflektoren, die uns einen Moment darüber reflektieren lassen, wie sich das Land nach der Wende doch gewendet hat. Umesh N. macht einen Bogen um den Sportplatz und bahnt sich stattdessen einen Weg durch das Unterholz eines kleinen Birkenwäldchens, bis die «Eins-zwei! Eins-zwei!»-Rufe und die Explosionen der Handgranaten hinter ihm verhallt sind. «Der Anfang fällt mir immer wieder schwer», gesteht er lächelnd. «Bei der nächsten Begegnung bin ich aber bestimmt bereit.» Nach einem kurzen Moment des Innehaltens fährt er fort: «Unser aller Innenminister, Wolfgang Schäuble, hat etwas gesagt, das ich mir zu Herzen genommen habe. Seine Worte waren: ‹Im Übrigen tragen auch unsere Mitbürger ausländischer Abstammung Verantwortung dafür, dass die Integration gelingt. Auch sie müssen sehr viel tun. Gemeinsam sollten wir ein Grundklima schaffen, in dem Fremdheit nicht als Bedrohung, sondern als Bereicherung empfunden wird.› Ich versuche nach Kräften, Schäubles Worte umzusetzen. Jeden Morgen übe ich eine halbe Stunde, nicht bedrohlich zu wirken. Alles eine Frage der inneren Einstellung.»

Die Landstraße führt durch eine heitere Ebene, vorbei an Wiesen und Feldern mit reicher Flora – *Papaver somniferum* und *Cannabis sativa*, volkstümlich bekannt als Gänseblümchen und Brennnessel. Dies müssen die blühenden Landschaften sein, von denen Helmut Kohl so zu schwärmen wusste.

Kurz darauf ist es so weit: Die erste Gelegenheit für eine ehrenamtliche Integrationsleistung. Ein junger Mann kommt mit zügigem Schritt auf Umesh N. zu, brüllt «Scheißausländer!» und stößt ihn mit einem kräftigen Schubs in den Straßengraben. «Schönen Tag noch!», ruft ihm der sportliche Unternehmensberater freundlich hinterher. Er verweilt noch einen Moment im Graben, um die Fauna des Feuchtbiotops – possierliche kleine Frösche, die um ihn herumschwimmen – aus der Nähe zu bewundern. Dann klettert er flink aus dem Straßengraben heraus und erklärt tropfend, schon wieder im Weitergehen, seine Philosophie: «Jeder Ausländer muss das Seine zur Gesellschaft beitragen. Türken braten Döner, Polinnen putzen Klos – tja, und wir indischen und afrikanischen Neubürger stellen uns für den Aggressionsabbau zur Verfügung. Eine wichtige psychologische Serviceleistung am deutschen Volk.»

In der Ferne zeigt sich bald ein Kirchturm. Das Ziel der ersten Etappe – Niedermalchowhausen – ist erreicht. Am Ortseingang erwartet den Wanderer bereits die hiesige Bürgerwehr, die verständlicherweise wissen möchte, wer ihr schönes Dorf zu besuchen gedenkt. Freundliche Fragen nach dem Woher und Wohin, eine kurze Durchsuchung des Rucksacks, Scannen und Abstempeln des Reisepasses, Fingerabdrücke, schließlich eine kleine Leibesvisitation inklusive rektaler Untersuchung auf geschmuggelte Drogen – und schon ist man in Niedermalchowhausen angekommen.

Die Einheimischen sind ein eigenwilliges, aber liebenswertes Völkchen. Die Tatsache, dass sie lieber unter ihresgleichen bleiben, veranlasst Soziologen ebenso wie Reiseveranstalter dazu, Ausländern zu einem gesunden Abstand zu raten. So sieht es auch der Bürgermeister von Niedermalchowhausen, Thor Schuss, ein sympathischer Drei-Zentner-Mann: «Unsere jungen Menschen hier in der Region sind ungeübt im Umgang mit Ortsfremden, daher finden sie oft nicht den richtigen Ton, und so kann es zu Missverständnissen kommen. Diese lassen sich aber schon von vornherein vermeiden, indem man auf direkte Zusammentreffen verzichtet. Konstruktive Konfliktlösung gewissermaßen. Also, ich denke, *der* da bleibt besser außer Sichtweite.»

An diesem Punkt zeigt sich das innovative Konzept der kürzlich gegründeten Initiative ADAC – *Artgerechte Domestizierung asozialer Chaoten* –, deren bekanntester Vertreter Umesh N. ist: «Als ausländischer Neubürger muss ich bereit sein, mich den örtlichen Gepflogenheiten anzupassen und damit meine Integrationswilligkeit zu signalisieren», erklärt er. «Den Anstoß dazu haben mir die Ereignisse im sächsischen Mügeln im August 2007 gegeben. Erinnern Sie sich? Auf einem Dorffest jagten fünfzig Einwohner acht Inder, verprügelten sie und schrien: ‹Ausländer raus!› Gotthard Deuse, der Bürgermeister von Mügeln, sagte damals: ‹Solche Parolen können jedem mal über die Lippen kommen.› Und der Mann hat recht! Aber wem sollen die jungen Leute dies entgegenschreien, wenn es keine eindeutig zu identifizierenden Ausländer gibt, sondern vielleicht nur mal einen blonden Schweden auf Sommerurlaub? Sicher, das ist ein Ausländer, aber eigentlich will ein Mob ja keinen weißen Ausländer verprügeln, sondern einen, der auch so aussieht. Afrikaner zum Beispiel oder Inder, die tun's auch, und schwarze Deutsche sind im Prinzip ebenso brauchbar. Seien wir realistisch: Das natürliche Instinktverhalten wird nur von bestimmten Schlüsselreizen losgetreten. Ein Hai findet seine Beute doch auch nicht, wenn er kein Blut riecht. Es reichen zwar schon kleinste Mengen, aber die müssen halt da sein. Wobei ich die Bürger von Mügeln jetzt nicht mit Haien gleichsetzen möchte; Haie sind keine Rudeltiere, sondern jagen ihre Beute allein. Sehen Sie, deswegen haben wir auch unsere Initiative, die ADAC, gegründet. Wir haben großes Verständnis für frustrierte Arbeitslose, die ihre Schützenfeste ohne Jagdabenteuer feiern müssen. Solche Gegenden im Osten sind ethnisch sehr homogen, und die Betroffenen haben kein Geld, um extra nach Berlin oder Köln zu fahren und ihre Aggression abzulassen. Sie sind auf zufällige Begegnungen angewiesen, wie eben mit meinen indischen Landsleuten in Mügeln. Deshalb komme ich zu ihnen», sagt er und nickt verständnisvoll zu den Dorfjungen mit ihren sauber rasierten Köpfen hinüber, die ihn schüchtern von fern betrachten und verlegen über ihre Schlagringe streichen.

Es dunkelt bereits. Da noch keine Zusammenrottung der Dorfjugend auszumachen ist, übernachtet Umesh N. im Asylbewerberheim am anderen Ende des Ortes, leicht erkennbar an den Stacheldrahtrollen und Selbstschussanlagen. Herzliche Aufnahme unter seinesgleichen ist dem Neubürger hier garantiert, der seinerseits den Insassen von den schönen Landschaften Deutschlands zu berichten weiß, auch wenn sich diese hinter den zugenagelten Fenstern des Heimes nur erahnen lassen. Und er hinterlässt ihnen weise Worte von Wolfgang Schäuble zum Nachdenken: «Die Einbürgerung ist ja kein Allerweltsvorgang, bei dem man ein beliebiges Stück Papier erhält. Sie ist eine Weichenstellung im Lebensplan. Die Einbürgerung hat eine mobilisierende, motivierende, emotionale und identitätsstiftende Wirkung. Ist das nicht wundervoll?», freut sich Umesh N. und fährt fort: «Schäuble sagt: ‹Zuwanderer müssen bereit sein, die Verhältnisse hier bei uns zu akzeptieren, oder sie sollen sich einen anderen Platz auf der Welt suchen.› Genau deswegen habe ich mich auf diese Wanderung begeben – meine persönliche Pilgerreise auf dem Wolfgangsweg. Sollte es mir schwerfallen, irgendetwas zu akzeptieren, kehre ich gleich nächste Woche nach Indien zurück.»

Am folgenden Tag geht es direkt nach dem Morgenappell weiter. Der Frühnebel hebt sich langsam und gibt den Blick frei auf eine Landschaft mit sanften grünen Hügeln und dichtem Wald, lieblich wie von Charles Bukowski gemalt. Der nun folgende Streckenabschnitt ist eine Herausforderung für den mutigen Wanderer, hier jedoch zeigt sich dessen wahrer Charakter: Hart wie Biobrot, zäh wie Tafelspitz will er seine staatsbürgerliche Pflicht gegenüber Deutschland erfüllen.

In diesen Landstrichen ist die lokaltypische Begeisterung für Sport und Vereinswesen besonders ausgeprägt. Ein Großteil der männlichen Bevölkerung ist in sogenannten Wehrsportgruppen zusammengeschlossen, die ebenfalls gern auf den Wanderwegen unterwegs sind. Althergebrachte germanische Traditionen werden hier in leicht abgewandelter Form noch gepflegt. So ist etwa die grobe Keule der Altvorderen einem schmaleren, handlicheren Modell gewichen, das in angelsächsischen Ländern sogar für einen

Ballsport benutzt wird. Gleichfalls zu bestaunen sind – gerade bei jungen Menschen – die filigranen Tätowierungen. Mit ihrem besonderen Körperschmuck sorgen sie dafür, dass die überlieferte Runenschrift nicht in Vergessenheit gerät. Anstelle von großen Mengen Met trinkt man heutzutage große Mengen Bier, doch ansonsten wird auf geradezu rührende Weise an traditionellen Gepflogenheiten festgehalten. Dazu gehört auch das altertümliche Ritual namens «Unser Land gegen Fremde verteidigen», wie die Einheimischen nach Ausübung desselben in der Regel beim Verhör auf der örtlichen Polizeidienststelle übereinstimmend zu Protokoll geben.

Die hiesigen Fremdenverkehrsämter bedauern, dass Ausländer häufig mit vehementer Ablehnung auf Einladungen zum Wandern reagieren; mit so fadenscheinigen Entschuldigungen wie fehlendes GPS oder zu erwartende Gesundheitsschädigungen durch unverhofft herabfallende Baseballschläger. Der ADAC-Aktivist begegnet dieser Skepsis mit der ihm eigenen Offenheit: «Ich kann die Einwände verstehen», meint er, «doch wer Integration ernst nimmt, muss sich den Realitäten des modernen Lebens stellen und darf sich nicht in seiner gemütlichen Abschiebezelle verkriechen.»

An einer unübersichtlichen Wegbiegung kommt dann endlich der Moment, auf den unser Wanderer gewartet hat: Aus dem Gebüsch stürmen mehrere kräftige junge Männer, stoßen uns Reporter beiseite, packen Umesh N. am Kragen und beschimpfen ihn wüst. «Sehen Sie», stößt dieser mit gepresster Stimme hervor, «genau hier sind Diplomatie und Einfühlsamkeit gefragt. Anstatt ... au! ... stur darauf zu beharren, ebenfalls auf dem Wanderweg gehen zu dürfen ...» Einer der jungen Sportsfreunde nimmt ihn in den Schwitzkasten, was seine Worte etwas gequetscht klingen lässt: «... kann man ... in einer konfrontativen Situation ... urrrgh ... beispielsweise anbieten, in den ... Straßengraben zu klettern und ... zu warten, bis die Wehrsportgruppe ihren Wehrsport ... arrrgh ... beendet ... hat ...»

Das heitere Lächeln will ihm nicht recht gelingen. Ein Stiefel im Genick macht es etwas schwer, wie wir aus unserer Position im Schutz des dichten Unterholzes feststellen. Offensichtlich möchten die Einheimischen auch nicht auf das Angebot des Integrationsaktivisten eingehen, sondern reißen ihm Helm, Schulterpolster und schusssichere Weste herunter. Vielleicht, um sich sozusagen von Mensch zu Mensch gegenüberzustehen.

Als die Begegnung der Kulturen vorbei ist, kommt Umesh N. das Erste-Hilfe-Training zugute, welches wir als Kriegsreporter routiniert absolvieren. Es ist bewundernswert, wie der Integrationsaktivist seine Ruhe bewahrt, während der herbeigerufene Notarzt die Blutungen stillt. «Ich … bin … froh», röchelt er – leider versteht man ihn durch die Sauerstoffmaske nur schlecht –, «… dass ich meinem Gastland … nützlich sein kann …» Während ihn zwei Pfleger auf einer Trage in den Krankenwagen hieven, verklingt ein dumpfes «… Integration bedeutet vor allem, harmonisch ein … Teil des … Ganzen zu werden».

Wir bleiben nachdenklich zurück. Dieser Mann hält – ganz wie Gandhi – in christlichem Geist die andere Wange hin und stellt konsequent das Gemeinwohl einer Staatsgemeinschaft über den kleinlichen Egoismus des Einzelnen. Die ADAC – ein zukunftsweisendes Konzept.

Nachsatz:
Umesh N. ist Preisträger der Schäuble-Medaille für gezielten sozialen Artenschutz 2008.
Die Wanderung wurde gesponsert von Fliehmann – für den rechten Durchblick.

III
Kölle Allah!

Das Al-Qaida-Komplott: die ganze Wahrheit über den Abstieg des 1. FC Köln

Verdächtige Vorgänge in der Bundesliga! Ein drittklassiger Verein wie Bayern München wird deutscher Meister, während der Weltklasseverein 1. FC Köln eine ganze Saison in der Zweiten Liga spielte. Wieder einmal. Ausgerechnet dieser überragende Club, der in seiner B-Jugend Nachwuchsspieler wie Pelé und Maradona gefördert hat. Der Club, der Chelsea, Real Madrid oder Juventus weit hinter sich lässt, wird immer wieder in die Zweite Liga abgedrängt. Was geht hier vor?

Die Wahrheit, die Fans schon immer geahnt haben: Das ist keine Verkettung unglücklicher Umstände oder schlechtes Spiel. Nein, der Weltklasseverein 1. FC Köln ist Opfer einer internationalen Verschwörung. Unfassbar!

TILLT enthüllt die dunklen Machenschaften in der Bundesliga.

Seit den grausamen Terroranschlägen vom 11. September 2001 steigt der 1. FC Köln in einem Jahr ab in die Zweite Liga und im Folgejahr wieder auf. Was steckt dahinter? Gibt es eine Verbindung zum internationalen Terrorismus? TILLT weiß Bescheid – und unsere Leser erfahren es als Erste!

So fing es an: Damals, 1990, war der 1. FC Köln europaweit eine ganz große Nummer, mit Weltklassespielern wie Häßler und Littbarski auf dem Feld und Illgner im Tor. Eine Zeit, als selbst die brasilianische Nationalmannschaft keine Chance gegen den FC gehabt hätte.

Und heute? Die bittere Realität heißt Zweite Liga – jedes zweite Jahr. Auf dem Feld spielen nur noch Stümper, das Stadion wird regelmäßig von Düsseldorfern in Beschlag genommen. Ausgerechnet Düsseldorf! Wie konnte es dazu kommen?

Der Verdacht: Osama bin Laden, der Pate des Terrors, hat einen teuflischen Plan ausgeheckt. Seine al-Qaida benutzt Spieler, Manager und Trainer, um den FC kleinzukriegen. Das Ziel: Köln für immer in die Zweite Liga abzudrängen. Steckbrieflich gesuchte Islamisten tarnen sich als Fußballer, um den FC zu unterwandern. Das Management des FC agiert blauäugig und akzeptiert offenbar alles, was ihm vorgesetzt wird – oder gibt es Maulwürfe, die von Anfang an wussten, was gespielt wird?

Stichwort: Khodadad Azizi, im Iran ein gefeierter Nationalstürmer, in Köln ein typischer Chancentod. Zufall? Oder Sabotage?

Stichwort: Özalan Alpay, türkischer Nationalspieler von internationalem Format. Kaum in Köln, ist er eine einzige Katastrophe, fällt nur durch Fouls und Fehlpässe auf. Zufall? Oder steckt mehr dahinter?

Stichwort: Youssef Mokhtari. Der Marokkaner kam von Energie Cottbus und versuchte einen vorzeitigen Wechsel nach Köln durchzusetzen. Angeblich durch gezielte Arbeitsverweigerung. Bei ‹Cottbus› horchte im Rheinland niemand auf. Wieso fragte kein Mensch nach, ob der Mann Kontakte zu ehemaligen Stasi-Leuten hat? Warum wollte er unbedingt nach Köln? Hier beginnt eine heiße Story von Ungereimtheiten, Rätseln und Verrat.

Kaum in der Domstadt, spielte Mokhtari auf einen Schlag wie ein Anfänger, vergeigte die besten Torchancen, Fehlpässe waren an der Tagesordnung. Zufall? Oder ist der Marokkaner ein Al-Qaida-Agent? Kickte er absichtlich schlecht, um den FC zu sabotieren?

Jeder FC-Anhänger erinnert sich an die fatale Begegnung mit Schalke 04 im November 2005. Gewinnen allein reichte nicht, auch die Tordifferenz musste stimmen. In einem Moment der Hoffnung führte der FC 2:1 gegen Schalke. Mokhtari bekam den Ball, spielte jedoch nicht ab, sondern donnerte das Leder selber aufs Tor – aus einer Position, die ihm *offensichtlich* keine Chance bot. Zufall? Oder ein absichtlicher Fehlschuss? Wer gab den Befehl?

TILLT ist den Gerüchten nachgegangen.

Unsere Kontaktmänner im internationalen Terrorbusiness wissen von dubiosen Geschäften und dunklen Machenschaften. Verdächtige Geschenke tauchten im Clubhaus des FC auf. Absender: der Ayatollah persönlich. Niemand wurde misstrauisch, niemand wunderte sich, dass die Islamisten sich als FC-Fans ausgaben. So konnte der FC reingelegt werden – auf schändlichste Art!

Der Beweis: Kurz vor dem Spiel gegen Schalke lag ein hübsch verpacktes Paket in der Spielerkabine. Inhalt: ein neuer Ball. Wie unschuldige Kinder wollten die jungen Kicker damit spielen. Doch niemand wusste, dass innen ein Sender eingebaut war – das Leder wurde ferngelenkt. In einer Höhle in Afghanistan hielt Osama bin Laden die Fernsteuerung in der Hand. Mit diabolischem Lächeln verfolgte der Pate des Terrors das Spiel 1. FC Köln gegen Schalke am Bildschirm, um im entscheidenden Moment den Hebel umzulegen. Al-Qaida saß am Drücker – und Köln hatte keine Chance. Ein feiges Attentat auf den rheinischen Fußball! Mokhtaris ‹Fehlschuss› war der Anfang vom Ende und besiegelte Kölns Abstieg. Den Abstieg in die Hölle der Zweiten Liga.

Nach nur einem Jahr in Köln wechselte Mokhtari zum MSV Duisburg. Hatte er seine Aufgabe am Rhein erledigt, dem 1. FC den Todesstoß versetzt?

Neue Hinweise deuten auf düstere Verschwörungen aus der Welt des internationalen Terrors.

Heute wissen wir: Der Kicker war ein unschuldiger Spielball dunkler Mächte. Sie machten sich seine Vorliebe für arabisches Essen kaltblütig zunutze: Eine angeblich harmlose Einladung zu einem Dinner mit orientalischen Spezialitäten wurde ihm zum Verhängnis. Seine Spur verliert sich in Duisburg, und niemand weiß etwas von ihm, bis er plötzlich wieder auftaucht: bei den Scheichs! Seit Januar 2008 spielt Mokhtari in Katar, einem Schurkenstaat, der mit Ölgeldern deutsche Fußballer korrumpiert. Wurde der Fußballer von radikalen Islamisten entführt? Unsere Informanten wissen Bescheid: Er steht ständig unter Drogeneinfluss – gefährliche Steroide! – und darf sich während des Spiels nicht aus dem Stadion entfernen.

Youssef Mokhtari – ein weiteres Opfer dunkler Machenschaften. Islamistische Bombenleger haben die Bundesliga fest im Griff!

Die Verschwörung zieht immer weitere Kreise.

Von der Öffentlichkeit unbemerkt: Al-Saadi Gaddafi, Sohn des libyschen Staatschefs, wollte den FC kaufen, doch angeblich war der Kaufpreis zu hoch. Einem Gaddafi ist ein deutscher Fußballclub zu teuer? Hält die internationale Presse die Kölner Fans für Dummköpfe?

TILLT klärt auf.

Die harten Fakten: Gaddafi junior und sein Vater Muammar kauften in Italien für viele Millionen Euro Anteile des Clubs Juventus Turin. Wer hinderte die Gaddafis daran, ihre Ölmillionen nach Köln zu pumpen?

TILLT hat nachgeforscht:

Als die Gaddafis ihr Geld nach Köln bringen wollten, waren die Spieler des FC wie immer überragend. Der Club hätte – wie jedes Jahr – im UEFA-Cup und in der Champions League alles abgeräumt. Das konnten die fußballverrückten Italiener nicht zulassen. Die Mafia wollte endlich den SSC Napoli international an der Spitze sehen und suchte Partner für diesen teuflischen Plan. Die Achse des Bösen: Mafia und al-Qaida machten gemeinsame Sache. Libysche Ölgelder wurden auf Druck der Mafia nach Italien umgelenkt. Als Gegenleistung sollte der 1. FC Köln in die Zweite Liga gedrückt werden. Oberst Gaddafi willigte in den Handel ein. Zum Dank ließ man seinen Sohn als Profifußballer in Italien mitspielen. Ein kleiner Preis, den die Mafia gerne zahlte. Der Schrecken der internationalen Fußballwelt, die Giganten des 1. FC Köln, waren erfolgreich ausgeschaltet.

Unglaublich, aber wahr: Fußballverrückte Mafiosi und fanatische Islamisten korrumpieren unseren deutschen Fußball!

Ein weiteres Puzzleteil: die Trainer.

Christoph Daum trainierte den 1. FC Köln von 1985 bis 1990 und war mit dieser Mannschaft Vizemeister geworden. Der FC wäre im

Jahr darauf mit Sicherheit zum Deutschen Meister aufgestiegen. Warum verließ Daum plötzlich und überhastet das Rheinland? Wer hinderte ihn jahrelang daran, zurückzukehren? Als Bundestrainer hätte er die brillanten Kölner Spieler in die Nationalmannschaft geholt. Stattdessen ging er in die Türkei. Warum in die Türkei? Wollten die Islamisten ihn unter Beobachtung halten? Wer hat seine Haarprobe mit Kokain versetzt, um zu verhindern, dass er Bundestrainer wurde? Fragen, die sich FC-Fans schon lange stellen.

TILLT gibt Antworten.

Dr. Arzinger-Bolten, der damalige Präsident des 1. FC Köln, feuerte Daum unter einem fadenscheinigen Vorwand. Ohne ihren Trainer verlor die Mannschaft an Richtung. Die Spielerfrauen (von denen noch die Rede sein wird) begannen mit ihren Intrigen. Das Ende vom Lied war der Abstieg. Niemand konnte damals nachvollziehen, wieso der Präsident des Clubs einen Weltklassetrainer wie Christoph Daum fristlos entließ.

Doch heute wissen wir: ‹Arzinger-Bolten› war ein Deckname. Seine wahre Identität: Aziz al-Arbulti. Sein Auftraggeber: al-Qaida.

Die Entlassung Daums war der Dolchstoß, der dem FC endgültig den Tod brachte.

Erst als der FC in der Zweiten Liga spielte, durfte Daum zurück an den Rhein, und er brachte einen Kolumbianer mit: Faryd Mondragon. Angeblich ein klasse Torhüter, aber im Kölner Tor eine Null. Die gegnerischen Stürmer lachen über ihn. Unsere Nachforschungen ergaben: In Wahrheit ist Mondragon der Verbindungsmann zu kolumbianischen Kokainkartellen, eingeschleust in den FC, um die Fans von Drogen abhängig zu machen. Schon lange wundert sich ganz Deutschland über die Kölner, die selbst bei den härtesten Niederlagen *Viva Colonia* singen und den FC feiern. Nun wissen wir, warum! Es ist nicht der sprichwörtliche rheinische Frohsinn! Nein, kostbares Bier wurde mit billigem Koks verdünnt, Zigaretten sind nicht aus Tabak, sondern aus allerhärtestem Marihuana. Köln schunkelt im kollektiven Drogenrausch. Und die Drogenmafia freut sich.

Doch hier geht es nicht nur um Daum. Was war mit Bernd Schuster? In Köln brachte er nichts auf die Reihe. Dann verschwand er nach Spanien, führte die Dorfkicker vom FC Getafe in den UEFA-Cup und wechselte schließlich zu Real Madrid, einem der besten Vereine Europas. Schuster machte Real sofort zum Tabellenführer der Ersten spanischen Liga. Wer hinderte ihn daran, auch den 1. FC Köln an die Spitze zu führen?

Heute wissen wir: Schon damals hat al-Qaida ihre schmutzigen Intrigen gesponnen.

Aber wer sind die gewissenlosen Drahtzieher des Komplotts?

TILLT enthüllt, wer dem FC in den Rücken gefallen ist, wer seit Jahren die Trainerwahl manipuliert, wer von den Geschäften mit der Drogenmafia und al-Qaida profitiert.

Die schreckliche Wahrheit: Es sind die Spielerfrauen. Ein Krimi aus Eifersucht, Geldgier und schmutzigen Affären. Immer wieder erwähnen unsere Informanten die Namen von Gaby Schuster, Angela Häßler, Bianca Illgner. Welche Rolle spielen sie in der Verschwörung? Nur wenige wissen Bescheid. Sie schweigen – aus Angst.

Trotzdem kommt die Wahrheit nun ans Licht, und unsere Leser erfahren sie als Erste! Die Gier der Spielerfrauen kennt keine Grenzen. In Köln nahmen sie sogar Geld von al-Qaida an, um Brillantschmuck und Krokohandtaschen zu bezahlen. Christoph Daum und alle Trainer wurden Opfer ihrer Intrigen – der FC zahlte einen hohen Preis. Die Spielerfrauen haben den Islamisten den Einstieg in die Bundesliga ermöglicht. *Sie* haben den kolumbianischen Drogendealern Insider-Tipps über Fanblöcke gegeben. *Sie* haben kassiert, als nachts in den Brauereien dem Kölsch Kokain beigemischt wurde.

Eine besonders gemeine Waffe, die sich die Drahtzieher in der Mafia und bei al-Qaida richtig etwas kosten ließen, ist an Perversion kaum zu übertreffen: Die Spielerfrauen wurden vor besonders wichtigen Begegnungen beauftragt, mit ihren Männern in die Kiste zu gehen – je länger, desto besser. Auch wenn es niemals allen elf auf einmal gelang, konnte man am nächsten Tag bei einzelnen Kickern ganz klare Formschwächen erkennen. Al-Qaida hat die deutschen Fußballer am Sack.

Der Weltklasseverein 1. FC Köln – ein Spielball dunkler Mächte.

Und Bayern? Siebzig Millionen Euro konnte Bayern München für Luca Toni und Franck Ribéry ausgeben. Sind weitere Anschaffungen geplant? Aus welchen dunklen Kanälen fließt dieses Geld?

TILLT hat nachgeprüft.

Kontoauszüge der Vereinskasse beweisen: Die Zahlungen kommen von al-Qaida, Mafiabosse waschen die Scheine bei kolumbianischen Kokainkartellen, und ehemalige Stasi-Leute schmuggeln sie in Koffern der Kofferbomber nach München. Nur so können die Bayern Weltklassespieler in ihren Drittligaverein locken. Ohne teure ausländische Stars wären die Bayern-Spieler nichts als miese Amateure und Kreisklassekicker.

Heute wissen wir: Islamistische Drogengelder haben Bayern zum Meister gemacht.

Unfassbar, was vor unseren Augen geschieht: Al-Qaida mischt auch weiterhin beim 1. FC Köln mit! In der aktuellen Aufstellung spielen drei Türken, ein Marokkaner und zwei Libanesen. Von elf Spielern sind über die Hälfte Islamisten. Schläft das BKA? Die Libanesen kommen beide aus Freiburg. Zufall? Oder befindet sich im Schwarzwald ein deutsches Al-Qaida-Trainingscamp, wo ehemalige Stasi-Offiziere die deutschen Fußball-Attentäter ausbilden? Gut getarnt zwischen Tannenwald und Kuckucksuhren – aber nicht gut genug getarnt für TILLT. Wir sind ihnen auf der Spur!

Die harte Wahrheit: Das Al-Qaida-Kartell, diese stalinistisch-islamistische Drogenhändlermafia, hat die Bundesliga fest im Griff. Bayern München ist nichts weiter als eine Marionette des internationalen Kokain-Terrorismus, Tabellenführer von Osamas Gnaden. Bin Laden zieht die Fäden – und die deutschen Fußballfans sind ahnungslos. *Bis jetzt.*

Durch die Nachforschungen von TILLT ist das stalinistische Koks-kartell nervös geworden. Al-Qaida ist unter Druck! Daum durfte an den Rhein zurückkehren. Der 1. FC Köln spielt wieder in der Ersten Liga. Aber noch kommen die Kölner Kicker nicht zum Zug. Für eine wöchentliche Lieferung von Versace-Klamotten verhökern die Spie-lerfrauen skrupellos den deutschen Fußball an den internationalen Terrorismus. *Wie lange noch???*

TILLT klärt auf – helfen Sie uns dabei! Bei unserer Aktion *Leser-Agenten* können auch Sie aktiv werden. Einfach den *Leser-Agenten*-Ausweis heraustrennen und ausfüllen, dann das beiliegende Bild ausschneiden und zu einer täuschend echten Pistole falten – fer-tig! Wir entlarven die Al-Qaida-Maulwürfe in der Bundesliga und befreien den deutschen Fußball aus den Klauen der islamistischen Koksmafia. Machen Sie mit!

Lesen Sie jede Woche eine neue Folge unserer Enthüllungskam-pagne:

Willy Brandt: Skandal! Wer zwang ihn in Warschau in die Knie?

Tokio Hotel: Ekelhaft! Wehrlose Jungen zum Singen genötigt

Botho Strauß: Verbrecher führten seinen Stift. Chronik einer Leser-Fol-ter

Johannes B. Kerner: Eingeschleust. Der Talker des Terrors

Wir danken M. Tschochner und P. Schäfer dafür, ihren reichen Fundus an hanebüchenen Gerüchten und üblen Nachreden über Spielerfrauen, idiotisches Management und un-fähige Trainer mit uns geteilt zu haben. Die Redaktion

Kuppeln statt baggern:
zehn gute Gründe für die Zwangsheirat

Den Partner fürs Leben zu finden, ist ein Ideal, dem der moderne Mensch – ein Kind der Industriegesellschaft – gerne nachgeht; im Glauben, dass es ‹Liebe› sein muss, und das für immer. Dieses Ideal mag sich zwar mit fortschreitendem Alter relativieren, aber was bleibt, ist die Suche oder das Sehnen danach, also die Sehnsucht. Nicht nur, dass diese Sucherei eine lebensbegleitende Aufgabe ist und bleibt, es gibt wohl keine andere Aufgabe im Dasein eines jeden Menschen, in die er so unvorbereitet startet. Wer weiß schon, wie das geht – die ewige Liebe finden? Internet-Partnervermittlungsagenturen etwa? Die werben auch nur mit Masse statt Klasse. (‹Wir sind fünf Millionen› – ist das eine Drohung?)

Jede Kultur hat ihren eigenen Umgang mit der Brautschau, verfügt über eigene Flirtfaktoren und Benimmregeln. Manches ist uns vertraut, anderes weniger. Das gilt vor allem für Benimmregeln.

Und so stellt sich die Frage: Was wissen wir eigentlich über die Zwangsheirat? Nichts! (Abgesehen von den gut recherchierten Artikeln der Bild-Zeitung, die für ihre investigative und kritische Berichterstattung bekannt ist und schon immer den integrativen Gedanken gefördert hat.) Die Zwangsheirat ist ein perfekt funktionierendes, über Hunderte von Jahren gewachsenes, auf die Bedürfnisse der Auserwählten abgestimmtes Partnervermittlungsritual, das zu Unrecht einen schlechten Ruf in der eurozentrischen Kultur des Abendlandes genießt.

Wenn wir uns die Schwierigkeiten und Kosten, die Zeit und die haufenweise verlorenen Nerven vor Augen halten, mit denen eine konventionelle Partnersuche auf dem freien Markt einhergeht, erscheint die Zwangsheirat wie ein MP3-Player neben einem Tonbandgerät.

Im Folgenden stellen wir deshalb zehn gute Gründe für die Zwangsheirat vor. Entscheide selbst, ob sie nicht auch für dich in Frage käme!

1. Konzentration auf Kopulation

Wie heißt es doch so schön? Der Zwang heiligt die Mittel!

Der Zwang zu Verbindung und Fortpflanzung ist auf der Festplatte des Menschen als Ur-Programm mit einem Überschreibschutz gesichert und gespeichert; Gottes ganz persönliche Firewall sozusagen. Dieses Ur-Programm hört man fortwährend ticken, oder, besser gesagt, frau hört es. Beim Mann ist es höchstens ein Tucken, aber das ist eine andere Geschichte, und die hat mit Fortpflanzung nichts zu tun.

Es ist also nicht nur bequem, sondern auch intelligent, sich von konventionellen Heiratspraktiken zu verabschieden, die sich mit der Industrialisierung und dem Aufkommen einer romantischen Vorstellung von Liebe verbreitet haben. Natürlich sind immer ein paar Abstriche zu machen, aber das wissen nicht nur Gynäkologen, sondern auch Malermeister. Im Leben kommt es auf eine ausgewogene Bilanz an, und da wird die Kosten-Nutzen-Rechnung mit jedem verstrichenen Tag interessanter. Das wiederum bedeutet: Konzentration auf das Wesentliche.

Ein Beispiel: Ist es wichtig, dass mein Partner ein attraktives Erscheinungsbild hat? Ganz klar, nein! Schließlich werden bei Zwangsheiraten die Beteiligten ausschließlich auf ihre Funktion und Funktionalität hin abgecheckt und eingekauft. Ginge es um Schönheit, hätte Bayern München wohl kaum Herrn Ribéry ersteigert, aber er ist in der Mannschaft, und niemand möchte auf ihn verzichten – nach dem Motto: ‹Farbenfroh mit Narben-Joe›. (Obwohl in diesem speziellen Fall ‹Joe› durch ‹Jean› ersetzt werden müsste, aber dann funktioniert der Reim nicht mehr. Wir haben doch alle gelernt, was sich reimt, ist gut. Und, um mit Herrn Schwitters abzuschließen: Der Reim muss bleim. Außerdem heißt er Franck, nicht Jean. Also Ribéry, nicht Schwitters. Doch das nur nebenbei.)

Zu den erwünschten Funktionen gehört das Repräsentieren jedenfalls nicht. Es wäre ja noch schöner, wenn das jeder Buckelwal übernehmen könnte. In diesem Zusammenhang ist daher auf die entscheidenden Vorteile hinzuweisen, die entstehen, wenn man nicht gut auszusehen hat, sondern lediglich zweckdienlich sein muss, um der Fortpflanzung zu dienen. Dann braucht man nämlich das Spiel auf dem Jahrmarkt der Eitelkeiten gar nicht erst mitzuspielen. Fürs bloße Fortpflanzen taugen schließlich fast alle.

2. Kein zeitraubendes Flirten

Wie viele junge Menschen findet man Nacht für Nacht in Kneipen und Discos, wo sie keinesfalls Bier trinken oder tanzen wollen, sondern lediglich auf der ewigen Partnersuche sind? Wer zwangsverheiratet wird, kann hingegen gemütlich im warmen Bett liegen und den Tatort gucken, statt nächtelang im Winter unterwegs zu sein und mit jedem Dahergelaufenen flirten zu müssen – und das bei der hohen Ausschussrate und dem geringen ehefähigen Material, das draußen so unterwegs ist.

Bist auch du jemand, der sich mit dem Flirten schwertut? Der/Die nicht weiß, was er/sie sagen soll, um das hübsche Mädchen/den gutaussehenden Mann neben sich auf der Party nachhaltig zu beeindrucken? Der/Die sich unter Druck gesetzt fühlt, jedes Wochenende auf die Pirsch zu gehen, nur um jemanden abzuschleppen? Ständig nach einem Partner Ausschau halten zu müssen?

Dann ist Zwangsheirat die Lösung: Keine Zeitverschwendung mehr! Es wird ruck, zuck geheiratet, man muss weder darüber nachdenken noch den Auserwählten kennen, die Liebe kommt mit der Zeit, und danach hat man frei.

3. Nie wieder Diät

Wer nicht auf dem freien Markt unterwegs ist, muss auch nicht auf die Figur achten. Egal, ob Bierbauch oder Speckrollen – der/die Partner/-in wird sich nie beschweren. Wie denn auch, es ist ja eine Zwangsheirat! Welch eine Erleichterung: nie wieder Diät machen, keine anstrengenden Bauch-Beine-Po-Kurse belegen oder sonntags in strömendem Regen für den Marathon trainieren, statt gemütlich mit einer Tasse Kaffee auf dem Sofa zu sitzen und Zeitung zu lesen. Schluss mit dem Schlankheitsterror! Zwangsheirat schlägt jede Igitte-Diät: Wer den Ehemann vermittelt bekommt, braucht keine Supermodel-Figur – der Partner hat ja keine Wahl. Und wer die Ehefrau nicht selbst aussuchen muss, kann seine Wampe mit Selbstbewusstsein vor sich herwabbeln lassen. Hier kommt es auf ganz andere Werte an. Auf die wirklich wichtigen. Die inneren.

4. Partnergarantie auch für Frankenstein

Stell dir vor, du bist hässlich. Und hiermit ist nicht gemeint, hässlich in dem Sinne: «Ooooh, ich sehe heute nicht gut aus!» Oder: «Hm, ich müsste mal was für meine Figur tun!» Nein, hier ist gemeint: Du bist *richtig* hässlich. Du bist so hässlich, dass sich dein Spiegelbild duckt, wenn du morgens ins Bad kommst; so hässlich, dass nur Hunde mit dir spielen, aber bloß, weil du ein Kotelett um den Hals hängen hast; so hässlich, dass der Engländer sagen würde: «Superbad!»

Das ist egal! Vollkommen irrelevant! Nur die Zwangsheirat garantiert einen Partner/eine Partnerin auch für die Hässlichsten. Man muss sich ja nicht selbst auf den Markt begeben, um mit Heidi Klon, Killt Schweiger oder anderen Vertretern von Intelligenz, Schönheit und Natürlichkeit zu konkurrieren. Nein, auch für das unattraktivste Mauerblümchen, auch für den pickeligsten Dickwanst gibt es einen passenden Partner, und sie müssen dafür nicht einmal ihre Schüchternheit überwinden.

5. Kein Stress
mit der Schwiegermutter

Wer zwangsverheiratet wird, den hat die Schwiegermutter selbst ausgesucht. Sie ist also von vornherein mit der Wahl ihrer Tochter/ ihres Sohnes zufrieden, denn sie hat ja die Vorauswahl durchgeführt. Emotional aufreibende Konflikte in der Familie – nach dem Motto: Seit du diese Schlampe geheiratet hast und so weiter und so fort – sind damit auf ein verschwindend geringes Minimum geschrumpft. Zwangsheirat fördert somit die Harmonie in den Familien. Und den reibungslosen Produktionsablauf in der Küche.

6. Haftung bei Scheidung

Normalerweise lässt sich eine gescheiterte Ehe bestenfalls dem Ex-Partner in die Schuhe schieben. Und es gibt immer genug Besserwisser, die einem dann dringend Dinge mitteilen wollen wie: «Ich hab dir gleich gesagt, das ist ein unverbesserlicher Frauenheld! Aber du wolltest ihn ja unbedingt!» So etwas braucht man sich nicht mehr anzuhören. Bei einer erzwungenen Partnervermittlung kann man nämlich die Agenten belangen, denn sie haben immerhin eine Ehe garantiert. Sollte man versehentlich ein fehlerhaftes Exemplar von Ehemann/Ehefrau geliefert bekommen haben, wird es sofort ausgetauscht – keine ernstzunehmende Zwangsheiratsvermittlung möchte schließlich in den Ruf kommen, Ehen nicht einmal unter Zwang zustande zu bringen.

Bei einer Liebesheirat hingegen liegt die ganze Last der Verantwortung bei dir selbst. Keine Versicherung trägt die Folgeschäden, nicht einmal deine Schwiegereltern übernehmen die Haftung. Nicht so bei der Zwangsheirat: Du bist nie selber schuld! Es sind immer die anderen.

7. Sexuelle Abenteuer garantiert

Viele Menschen haben geheime Phantasien, die sie ungern in der Öffentlichkeit eingestehen und die sie so gut wie nie ausleben können. Die Zwangsheirat bietet die Möglichkeit, einige dieser Phantasien in echt zu erleben! Hier ist die Rede von bestimmten sexuellen Vorlieben – dabei geht es nicht um SM, nicht um Gruppensex und auch nicht um Intimitäten mit einem Staubsaugerrohr, sondern um die weitverbreitete Sehnsucht, es mit einem/einer Unbekannten zu treiben. Dieses ungewöhnliche sexuelle Abenteuer ist bei der Zwangsheirat quasi inbegriffen. In der Hochzeitsnacht findest du dich mit einem/einer völlig Unbekannten im Bett wieder; du weißt nichts von dieser Person, außer, dass du mit ihr verheiratet bist. Zwangsheirat ist nichts für Zaghafte und Verklemmte, sondern für Menschen, die das sexuelle Abenteuer suchen, sich einem/einer Unbekannten hingeben und völlig neue Erfahrungen machen wollen!

8. Kein Karrieredruck

Wie viele Frauen stehen unter dem Druck, alles perfekt leisten zu müssen: hübsch auszusehen, schlank zu sein, gut kochen zu können und obendrein auch noch einen guten Beruf zu haben – gar nicht zu reden von der zusätzlichen Belastung, Kinder aufzuziehen. Bei einer Zwangsheirat kann die Frau sich entspannen, ihr Reich ist nur noch die Küche. Um Karriere und Konkurrenz, Druck am Arbeitsmarkt und Druckstellen von den Stöckelschuhen muss sie sich keine Gedanken mehr machen. Sie braucht sich um nichts mehr zu kümmern als um ihren Mann. Der ist Herr im Haus, und alles wird wunderbar einfach.

Für den Mann wiederum bedeutet Zwangsheirat, dass endlich wieder Klarheit zwischen den Geschlechtern herrscht. Keine unnötige Einmischung der Ehefrau in wichtige Entscheidungen, kein Streit mehr um überflüssige Einkäufe – die Frau bekommt kein eigenes Geld mehr, so einfach geht das.

9. Stabile Arbeitsplätze

Viele Branchen, die unmittelbar von Hochzeitsausrichtungen und -frequenz abhängen, sind augenblicklich in der Krise. Als Erstes wären da natürlich die Pfarrer zu nennen, aber es betrifft auch Hochzeitsfotografen, Brautkleiderdesigner, Schleierhäklerinnen, Restaurantbetriebe, Tortenbäcker, Grußkartenmaler, Blumenkinder, Brautjungfernstecher, Autovermietungen und so weiter. All jenen kann geholfen werden – mit einer festgelegten Quote von monatlichen Hochzeiten pro Stadt. Die Zahl wird vom jeweiligen Einwohnermeldeamt aufgrund der Bevölkerungszahl ausgerechnet, den Zwangsheiratsvermittlern mitgeteilt, und dann muss in regelmäßigen Abständen geheiratet werden. Das wiederum garantiert vielen Branchen feste Einnahmen und sichert Arbeitsplätze. Zwangsheirat – Garant für eine stabile Wirtschaft.

10. Back to basics

Endlich wird mit einem überholten Mythos aufgeräumt: Die ‹große Liebe› gibt es nicht. Nicht einmal die kleine. Endlich wird die Institution der Ehe wieder von Ratio und kühler Überlegung bestimmt. Bei der Zwangsheirat herrscht die reine Vernunft. Verheiratet werden diejenigen, deren Interessen sich überschneiden. Alles andere ist bedeutungslos. Jahrhunderte sentimentalen Geschwätzes werden auf den Haufen verblichener Valentinskarten geworfen. Der Mensch ist ein Primat und die Ehe eine Notgemeinschaft. Sie dient nur einem einzigen Zweck: dem Überleben der Gattung.

Schöner beten: Raumgestaltung für Glaubensentfaltung

Ich bin zufrieden. Hab meine Stammgäste und auch 'ne Menge Laufpublikum. Ich mach meinen Umsatz, der Standort ist prima – was will man mehr?

Manchmal gehe ich durch die Räume, sehe glückliche, zufriedene Menschen sitzen und denke dann so bei mir: Wer hätte das je für möglich gehalten? Damals in Mexiko – als meine Mutter immer sagte: «Maximiliano, aus dir wird nichts, mein Junge, immer nur Fiesta im Kopf, das geht nicht gut» – hätte ich mir nie träumen lassen, dass ich einmal eine Moschee managen würde. Dann gehe ich weiter und schaue, ob an der Theke alles in Ordnung ist, ob der Salat frisch und die Pommes knackig sind und ob die Dönerspieße die richtigen Umdrehungen pro Minute haben. Und manchmal sage ich laut: «Allah ist groß.» Meistens schiebe ich noch ein Vaterunser hinterher. Aus Gewohnheit. Das ist so ein Reflex.

Hier in der Stadt heiße ich ‹Mohammed der Mexikaner›. Meine Freunde nennen mich Max Mo. Ich bin Moscheenmacher. Ja, ich bin der Typ, den man anruft, wenn in Sachen Religion nichts mehr zu gehen scheint. Ich bin der Cleaner. Ich bin so was wie der Ackermann von der Deutschen Bank, nur dass ich auf Gottes grüner Wiese ackere. Manager der Moscheen, Mogul der Mullahs – bei mir gibt's auf Wunsch auch fliegende Teppiche, kostet aber extra. Max Mo can do.

Ich erzähle mal, wie's dazu kam. Und wieso ich jetzt Mohammed heiße.

Hier in der Gegend gibt es seit zwei, drei Jahrzehnten eine ganze Menge Moslems. Und die hatten keine Moschee. Das heißt, sie hatten schon eine, aber das Gebäude gehörte einer Entrümpelungsfirma, und es schien, als hätten deren Betreiber alles, was jemals von ihnen entrümpelt worden war, in ihren Geschäftsräumen gelagert. So roch es zumindest – und die Nase betet schließlich mit. Den Typen, dem die Firma damals gehörte, nannte man den ‹Rümpel-Rudi› – ein Name, den jeder Chinese als pure Provokation auffasste.

In dieser Behelfsmoschee tropfte es von der Decke, weiße Schwämme wuchsen an den Wänden, und Rudi, der alte Pfennigfuchser, ließ nichts reparieren mit dem Argument, er habe nichts gegen fremde Kulturen in seinem Haus, das gelte auch für den Schimmel. Der Rudi war schon ein Vorreiter in Sachen Toleranz; ‹ranz› stimmte auf jeden Fall, aber das mit dem ‹toll› ist eine andere Frage. Mit seinem Plan, Eintrittskarten an die Betenden zu verkaufen, überhob er sich dann endgültig. Dieser Geschäftsidee waren ähnlich gelagerte vorausgegangen, was schließlich dazu führte, dass die Glaubensgemeinschaft sich nach eigenen Räumen sehnte. Frei von fremden Kulturen auf den Wänden. Und so kam die Wende. Die Gemeinde beschloss: Wir bauen uns eine Moschee!

Jetzt fragen Sie sich wahrscheinlich, was ich damit zu tun habe. Ganz einfach. Neben Rudis Rümpellager steht mein Kiosk, den ich schon jahrelang führe. Hier in der Nähe gibt's eine Menge Werkstätten und auch eine Fabrik. Mittags habe ich immer Sandwiches und heiße Würstchen verkauft. Deshalb nannte man mich damals den Mittagspausen-Mexikaner oder kurz Mittags-Max. Jeden Freitag sah ich die Moslems aus unserer Gegend, wie sie in Rudis Rümpellager beten gingen. Ich dachte immer schon, das ist doch keine anständige Betumgebung, und als der Imam wie üblich eine Limo an meinem Kiosk holte und von seinen Plänen erzählte, habe ich sofort gesagt: «Eure eigene Moschee? Super Idee! Da bin ich dabei!»

Der Moslemrat aus unserem Viertel fand, das Ganze wäre eine runde Sache und schnell über die Bühne zu bringen. Erstens: Rudi das Rümpellager abkaufen, zweitens: das Lager abreißen, drittens: Architekturbüro beauftragen und Moschee entwerfen, viertens: Moschee bauen, fünftens: beten. Die Punkte sechs bis zehn siehe fünf.

Bis zu Punkt drei lief alles wie am Schnürchen. Doch dann kam das mit der Presse – wir hätten unseren Bauantrag auch direkt an die schicken können –, und in null Komma nix hatten wir hier eine Bürgerinitiative vor der Tür. Keine von wegen Windenergie mit Batikklamotten und mildem Lächeln oder so, sondern die mit den recht kurzen Haaren, die zu kurz waren, um noch gut auszusehen. Also, eine stattliche Zahl von rechtsaußenkonservierten Rechtskonservativen, ein Haufen Frühreaktionäre. Ich nenne die ‹Nazis light› – nur 0,5 Prozent Ideologie, aber gleicher Geschmack.

Außer den Nazis mit ihren sehr persönlichen Hausbesuchen schaute nun auch die Polizei regelmäßig beim Moslemrat vorbei. Der dachte zuerst, die Bullen wären zu seinem Schutz da – so wie bei der Synagoge am anderen Ende der Stadt –, aber als die ihre Spürhunde durch die Räume jagten und nach Bomben suchten, verwarf man den Gedanken ganz schnell. Ich glaube, wir sind noch nicht so weit, dass wir für solch einen Schutz in Frage kommen, und ich hoffe, das wird auch nie passieren. Muss es auch nicht, denn in dieser Stadt habe ich, Max Mo der Moscheenmacher, MC der Muslime, mehr zum religiösen Weltfrieden beigetragen als jeder andere. Doch ich greife vor …

Jedenfalls waren alle aufrechten Bürger schon gegen die Moschee, bevor sie es auch nur als Pappmodell zum Architekten geschafft hatte. Die Presse rückte in Bataillonsstärke an – und haben Sie eine Idee, wie groß ein Bataillon ist? Nein? Seien Sie froh! Jedenfalls standen Übertragungswagen an jeder Ecke und warteten auf die nächste Nazidemo, Hubschrauber kreisten über der Straßenkreuzung, als wäre O. J. Simpson unterwegs, und in der Tagesschau erzählten Bischöfe aller Art, wie ihrer Ansicht nach eine Moschee auszusehen habe. Die sind zwar vom Fach – eine Moschee ist ja eine Kirche, auf Moslemisch übersetzt –, aber die sind vom Konkurrenzunternehmen, also nicht unbedingt neutrale Interviewpartner. Wir hatten also beste Bedingungen, um in einem offenen und entspannten Klima mit dem Bau zu beginnen.

Die ewigen Aufmärsche vor dem leeren Bauplatz konnte man verkraften, das ließ die Kräne eher kalt, doch die Architekten wurden langsam mürbe, weil die Spezialisten der neu gegründeten Bürgerinitiativen ‹Meisner statt Mohammed› und ‹Glockenklang statt Muezzingesang› sich ständig in die Baupläne einmischten. Die Evangelen kamen mit ästhetischen Einwänden, warum eine Moschee schlecht in das harmonische Bild einer gewachsenen Industrielandschaft passen würde, und sogar der Bürgermeister persönlich kritzelte im Bauplan rum. Schließlich entschieden die Lokalpolitiker, dass dem Moslemrat bei der Planung christliche Berater an die Seite gestellt werden sollten, damit die Moschee katholikenkompatibel in Einklang mit der Leitkultur gebaut würde. Da frage ich Sie: Was ist das denn genau? Hier lag nämlich die Crux, denn die Moschee passte bestens zur Leitkultur von unserem Viertel.

Die deutschen Christen in der Gegend hatten sich völlig zerstritten. Katholen und Evangelen waren in so vielen Punkten uneins miteinander, dass Luther seine helle Freude daran gehabt hätte. Deshalb entschied der Obermufti von den Lokalmullahs hier, katholische Berater aus dem Ausland anzuheuern, Fachleute in Sachen Religionskrieg. Ich persönlich hätte ja Nordiren eingekauft, die sind nicht zimperlich, und viele Probleme hätte man mit solchen Profis in sehr kurzer Zeit gelöst. Aber der Imam wollte das Ganze «einvernehmlich» gestalten, als wäre das eine Talkshow. Obendrein bestand er auf Leuten aus extrem christlichen Ländern, zum Beispiel Polen oder Mexiko. Also mussten passende Consultants her. Und hier kommen mein Kumpel Tomek und ich ins Spiel …

Wir wurden nämlich als ‹Experten für religiöse Beratung & spirituelles Coaching› angeheuert. Ich hatte Mexiko etwas, na, wie sag ich's, übereilt verlassen müssen – es gab da ein paar Probleme mit meiner Ex – und mich hier in der Gegend mit meinem Kiosk gut etabliert. Ich war ein respektiertes Mitglied der Gesellschaft; eben der Mittagspausen-Mexikaner, den jeder kannte, sowohl die Christen, die bei mir Sandwiches und Kaugummi kauften, als auch die Moslems, die auf dem Weg zur Rudis-Rümpellager-Moschee immer an meinem Kiosk vorbeigingen. Der Imam meinte, ich hätte eine gute Startposition als Vermittler, weil mein Kiosk hier auf dem Moschee-gelände stände – also auf dem Brachland für die potentielle Moschee – und weil die Deutschen mich als Mexikaner sozusagen neutral an-sehen würden und nicht als islamistischen Terroristen, der hier ein Attentäter-Trainingslager einrichten wolle.

Mein bester Kumpel Tomek half mir im Kiosk, obwohl er eigent-lich Literatur studiert hatte. Uns beiden kam dieser Nebenjob als religiöse Consultants sehr recht, und auch, wenn ich's Ihnen selber sage: Wir waren genau die Richtigen dafür, mit allen Weihwassern gewaschen.

Zuerst trafen wir uns mit den Moslems, tranken Tee und hörten uns ihre Pläne an. Dann trafen wir uns mit den Christen, tranken Kaffee und hörten uns ihre Bedenken an. Schließlich trafen wir uns mit den Nazis, aber bevor wir mit ihnen ein Bier trinken konnten – darauf hatten wir beide uns schon sehr gefreut –, äußerten die ernst-hafte Einwände, weil Tomek aus Polen kam und ich aus Mexiko. Die haben wirklich was gegen Gott und alle Welt oder gegen alle Götter und die Welt. Mal ehrlich, viele Leute, um gemeinsam ein Bier zu kippen, bleiben denen mit so einer Haltung nicht. Aber echte Bet-Consultants wie uns schreckt so was nicht ab. Religionsharmonisie-rung ist unser Beruf, Weltfriede unsere Mission.

Kaum hatten wir uns in unsere Vermittlerrolle richtig einge-arbeitet, entdeckte Tomek seine Liebe zur arabischen Poesie, vor allem, wenn sie von rundlichen Frauen rezitiert wurde. Er heiratete die Nichte des Muezzins und konvertierte, wobei die Reihenfolge genau andersherum war: erst konvertieren, dann kopulieren. Jetzt heißt er Tareq. Tja, die Polen sind auch nicht mehr das, was sie mal waren. Wie auch immer, ich blieb allein übrig – als katholischer Leuchtturm zwischen Bosporus und Arabischem Meer. Dann aber beschwerten sich die Juden beim Moslemrat, dass der für die Mo-scheeplanung nur Katholiken angeheuert hätte, und Juden dürften wieder nicht mitspielen, gerade, wenn's lustig wird. Der Imam ließ sich dazu breitschlagen, einen ‹Assistenten für koschere Stadtplanung› anzustellen. Ich persönlich finde, der Imam hat einfach ein zu weiches Herz. Das ist nicht gut für einen Gottesmann. Er ist so der Typ ‹stiller Bücherwurm›, und die moslemischen Mütter hier im Viertel schicken ihre Kinder eher ungern zu ihm in den Koranunterricht, weil sie meinen, sein Konzept der friedlichen Koexistenz der Kulturen funktioniere nicht auf deutschen Schulhöfen.

Mein Job als Vermittler gestaltete sich schwieriger als erwartet – selbst mit meinem Assistenten Doron an der Seite. Es war ein Kreuz mit dem Moscheebau, eine Nagelprobe auch für den härtesten Gotteskrieger, der sich je auf Jesu Seite geschlagen hat. Nur schlug ich mich mit dem halben Viertel, der Stadtverwaltung, dem Bauamt und allen Politikern herum, die ein C in ihrem Kürzel hatten, und sogar mit denen mit einem S. Alle hatten selbstverständlich allergrößtes Verständnis für den Wunsch, dass die Moslems eine Moschee haben wollten. Klar, geht in Ordnung. Deutschland ist ja ein tolerantes Land, das verschiedenen Kulturen und Religionen Platz bietet. Nur mit dem, wo die Moschee stehen sollte, wie groß sie sein durfte, wie sie auszusehen hatte und was man dort machen konnte, wurde Haarspalterei betrieben bis in den allerletzten Atomkern. Und den hätte man am liebsten auch noch gespalten, wenn der Atomwaffensperrvertrag einen nicht daran gehindert hätte.

Der Gebetsruf war ein solches Problem. Klar, die Katholiken dürfen die gesamte Bevölkerung sonntags morgens um acht mit Glockengeläut terrorisieren, aber ein Imam, der zum Gebet ruft – das ging nicht. Da standen schon wieder die Rechten auf der Matte mit ihrem Spruchband ‹Daham statt Islam› und machten einen auf Rechtsstaat von wegen Freiheit der Andersläutenden. «Wenn der Imam nicht rufen darf, dann verkneift euch auch die Glocken», sagte Tomek, ich meine Tareq, aggressiv wie alle Konvertiten. Schäuble hat recht, Konvertiten sollte man in Extralisten führen und intensiv beobachten; ich hab ein Auge auf Tomek, damit das mal klar ist. Seit er verheiratet ist, hat sich sein Verhältnis zu mir, seinem alten Kumpel, drastisch verschlechtert. Wir hatten eigentlich alle schon Krach mit ihm, aber Nuria ist eben sehr hübsch, und man guckt ihr gern hinterher. Das hat unser Assistent auch recht schnell entdeckt, aber diesen Sechs-Tage-Krieg hat Israel diesmal verloren.

Nuria ihrerseits teilt mit Tomek, ich meine Tareq, das Bett, den Tisch und die Liebe zur arabischen Poesie, doch ansonsten geht sie ihre eigenen Wege, wie Frauen eben so sind. Das hätte ich ihm vorher sagen können. Ich war ja auch mal verheiratet. Tomek will, dass sie ein Kopftuch trägt – Nuria sagt nein. Er will, dass sie lange Kleider trägt – Nuria sagt nein. Waren wir alle froh drum, muss ich zugeben, obwohl, richtig glotzen können wir nicht mehr. Tomek wird dann wirklich sehr intolerant. Das liegt nicht daran, dass er jetzt Moslem ist, oder nur indirekt: Seit er keinen Wodka mehr trinkt, hat er eine Persönlichkeitsveränderung durchlaufen, die ich wirklich beunruhigend finde.

Tomek machte also auf Fanatiker wegen der Gebetsrufe. Der Rechtsaußen-Stürmer der Horde war fuchsteufelswild wegen der Glocken und brüllte rum, dass mit unserer Moschee die abendländische Kultur geschändet würde – und das nur über seine Leiche oder, besser, nur über die Leichen von uns Terroristen, für die er uns offenbar hielt. Also ich sag Ihnen, es war eher unschön. Und alles wegen ein bisschen Glockengeläut! Man wird ja wohl mal fragen dürfen!

Als die Nazitos draußen waren, versuchte ich, Tomek und alle anderen Moslems zu beruhigen. Dios mio, keine unnötigen Provokationen, es müssen ja nicht unbedingt Gebetsrufe sein. Wir werden schon eine Lösung finden. Der Imam schickt allen eine SMS, dafür kriegt jeder Moslem ein Handy von der Stadt geschenkt. Rufen ist altmodisch. Neue Medien, neue Möglichkeiten. Lassen wir doch die Kirche im Dorf.

Dann die Minarette. Genau genommen ist eine Moschee doch der geborene Kompromiss: Kirchen sind hoch und spitz, Synagogen haben eine runde Kuppel, und Moscheen haben beides – eine runde

Kuppel in der Mitte und spitze, hohe Minarette an den Ecken. Das ist ganz nach meinem Herzen, ich versuche auch immer, es allen recht zu machen. Das klappt eigentlich meistens, aber diese Geschichte hier war eine harte Nuss. Wegen der Minarette kreuzten die rechten Flügelspieler wieder auf und stellten sich an, als hätten sie noch nie einen Kirchturm gesehen. Ich frage Sie: Wird denen schwindelig, wenn sie hochgucken, oder was ist das Problem?

Oben vom Minarett aus ruft der Imam normalerweise zum Gebet, aber man hätte die Minarette für alles Mögliche nutzen können – die Bundesliga-Ergebnisse ausrufen zum Beispiel. Als ich das vorschlug, gerieten die Anführer der Bürgerinitiative ‹Meisner statt Mohammed› einen Moment ins Wanken, das konnte ich an deren Gesichtern genau ablesen. Aber dann schlug ihr Katholikenalarm wieder an, und das Thema war durch, obwohl ich den umliegenden Firmen schon Werbezeiten für Muezzin-Ausruf-Spots verkauft hatte, so nach dem Motto: ‹Zwanzig Prozent auf alles außer Teppichklopfer.› Diese Nazis lassen sich durch ihre Ideologie nicht nur das Hirn, sondern auch noch das Geschäft versauen. Vorübergehend stand auch die Idee im Raum – ich weiß gar nicht mehr, von wem sie kam –, zwischen den Minaretten die Wäsche aufzuhängen. Das wurde aber sofort glatt gebügelt, weil es in Deutschland verboten ist, seine Wäsche öffentlich sichtbar aufzuhängen. Wegen des Gesamtbildes. So weit waren wir schon – selbst wir sprachen über Wäscheleinen zwischen Minaretten und machten uns Sorgen über das Gesamtbild, nur wessen Gesamtbild das war, hat sich mir nie so recht erschlossen. Unser Dorf soll döner werden?

Aber egal, meines Erachtens sind Minarette nicht unbedingt nötig. Tauben scheißen aufs Dach, man muss zu viele Treppen steigen, Flugzeuge können dagegenprallen … Ich habe also meinen Muselmännern gesagt: «Jungs, wir bauen Minarette, aber kleine. Flach gewissermaßen. In das Hauptgebäude integriert. Die Minarette sind die Ecken des Hauptgebäudes, aber du und ich wissen: Die Hausecke da, die ist in Wirklichkeit ein Minarett. Man muss es nur glauben, aber das sollte ja kein Problem sein bei so vielen Gläubigen. Und der

Imam stellt sich drinnen in die Ecke und ruft zum Gebet. Das ist kein Problem mehr, denn es können ihn ohnehin nur die hören, die schon in der Moschee sind. Ist doch ein klasse Kompromiss, oder?» Er wurde abgeschmettert.

Nein, auf gar keinen Fall, sagten alle. Das würde den wahren Glauben verraten, brüllte Tomek, ich meine Tareq. Dann bot er dem Imam an, sich vor dem Bauamt in die Luft zu sprengen, um dem Thema mehr Nachdruck zu verleihen, doch der Imam meinte, die Bauamtbeamten würden die Geste womöglich nicht zu deuten wissen und es wäre doch schade um den Sprengstoff. Dynamit sei teuer heutzutage.

Noch einmal versuchte ich, meine geniale Idee der baulich integrierten Minarette an den Mann zu bringen, aber niemand hörte mehr zu. Ich fühlte mich ungefähr so beachtet wie ein Tofuwürstchen auf einer Grillparty der argentinischen Metzgerinnung. Wozu brauchte man mich eigentlich als Vermittler, wenn sich niemand etwas vermitteln lassen wollte? Die einhellige Meinung war: Moscheen müssen Minarette haben. Schluss, aus. Und wenn Kirchen Türme haben dürfen, dann erst recht.

Der Imam, der wie immer auf Verständnis und Kooperation baute, setzte sich zu mir und zeigte mir stundenlang Bildbände mit islamischer Architektur, tonnenschwere Bücher über die Blaue Moschee in Istanbul, die Mezquita Aljama in Córdoba, die Bibi-Xanom-Moschee in Samarkand und Hunderte, Tausende Moscheen mehr. Ich wusste gar nicht, dass überhaupt so viele Leute beten; haben die nichts anderes zu tun? Dann hörte der Alte mich ab: «Wo steht die Emam-Moschee? Nein, nicht in Istanbul, in Isfahan. Wo liegt Isfahan? Nein, das ist im Iran. Gottogott, welch Unwissenheit. Mein Junge, du musst noch viel lernen!» Am Ende schwindelte es mir von spitzen, hohen Türmen in meinem Sichtfeld. Ich konnte für Tage kein Bürohochhaus mehr ansehen, ohne dass mir schlecht wurde. Spitze Dinge wie Bleistifte weckten ungute Assoziationen, und selbst mein kleiner Max Mo wagte nicht mehr, sich in die Höhe zu recken. Dieser Job würde mich auf Dauer ruinieren, so viel war klar. Dabei wollte ich nichts weiter, als dass alle sich vertragen, meinetwegen Moscheen oder Tempel bauen und dann eine schöne Party schmeißen. Ist das zu viel verlangt im Leben?

Die Christen waren kein bisschen einsichtiger. Es ist nicht einfach, mit Menschen zu diskutieren, die dauernd ihre Kultur verteidigen, als würde sie ihnen unversehens verlorengehen, wenn sie nicht permanent drauf achten. Bei den Deutschen hat man zuweilen das Gefühl, als litten sie unter kulturellem Alzheimer. Sobald sie eine andere Kultur sehen, schreien sie «Überfremdung». Etwa, weil sie ihre eigene sofort vergessen? Jedes Eingeständnis an anderer Leute Betverhalten bricht denen einen Zacken aus der Dornenkrone; als würden sie beim Vaterunser-Beten abgelenkt, wenn jemand im gleichen Viertel eine Sure rezitiert. Was ihre Fußballmannschaften angeht, sind sie nicht annähernd so beeinflussbar. Ich hab's versucht, ich hab's wirklich versucht, aber mein Appell an Toleranz und Weltoffenheit oder zumindest ein gutes Geschäftsklima verhallte ungehört.

Dann kam ein Brief vom Bauamt. Wenn wir nicht innerhalb einer Woche den Bauplan vorlegten, würde das Grundstück zur ‹grünen Lunge› des Gewerbegebietes erklärt, also zu einer Brache, auf der die Deutschen ihre Saufpartys und die Türken ihre Grillpartys veranstalten. Wer weiß, vielleicht ist das ja die beste Lösung, dachte ich. Wenn Leute feiern, können sie sich wenigstens nicht wegen religiöser Neubauten in die Haare kriegen. Vergessen wir das also mit der Moschee. Die Deutschen sind noch nicht so weit, dass sie sich integrieren ließen.

Mit dieser traurigen Bilanz ging ich zurück zu meinen Moslems, die sich ihrerseits nun nicht mehr verpflichtet fühlten, auf irgendwen oder irgendwas Rücksicht zu nehmen. Beim nächsten Meeting wurden Minarette von schwindelnder Höhe geplant, gegen die der Kölner Dom aussah wie Präsident Sarkozy neben Carla Bruni.

«Seid ihr wahnsinnig?!», habe ich gesagt. «Es wird gar keine Moschee geben, wenn ihr hier zwischen Getränkemarkt und Autoverwertung die Hagia Sophia nachbauen wollt!» Alle glotzten mich an, und das nicht besonders freundlich. Scheiße, dachte ich, das war's mit meinem Nebenjob als Vermittler des Weltfriedens.

«Nein», sagte der Imam geduldig. «Wir müssen einen Weg finden, den Deutschen klarzumachen, dass eine Moschee einfach eine Art Kirche ist, damit sie sich nicht so bedroht fühlen.»

Tomek sprang auf. «Vielleicht hilft ihnen *das* hier auf die Sprünge!», brüllte er und nestelte an den Kabeln seines Sprengstoffgürtels. Es war ein schicksalhafter Moment, die Geschichte hielt den Atem an: Würde ein neuer Religionskrieg ausbrechen oder eine Mauer fallen? Würden Kreuzfahrer gegen Sarazenen kämpfen oder Deutsche verschiedener Nationalitäten gemeinsam Bananen essen?

In diesem Augenblick hatte ich eine grandiose Idee. «Wir müssen den Essbereich ausbauen», rief ich, «egal, ob das in einer Moschee üblich ist oder nicht! Das sind die Menschen hier so gewohnt. Wenn aus einem Laden der Duft von gebratenem Fleisch strömt, werden sie sofort besänftigt. Die Deutschen sind im Grunde ihres Herzens Jäger. ‹Speer und Tier› können sie für sich übersetzen in ‹Dönerspieß und Grillfleisch›. Also ich meine, da vorn eine Theke und dahinter den Grill – und wir werden sofort eine viel größere Akzeptanz im Viertel genießen.»

Doch nun kam wieder der Imam mit seinen ewigen Bedenken und sagte, dann wäre der Betraum zu klein, genauer gesagt, gar nicht mehr vorhanden, und wo denn dann bitte die Betenden hinsollten. «Die können auch auf Barhockern beten», schlug ich vor. «Das machen wir in Mexiko immer so. Santo Dios, gracias por ese tequila! Ist das etwa kein Gebet?»

Aber die Moslems sperrten sich gegen meine wundervolle Idee, alle Mann und alle Frau, vom Imam bis hinunter zum letzten Kofferbomber, haha, das war natürlich ein Witz, konnte ich ahnen, dass Sie das ernst nehmen? Ich meine den Iqbal, der hat ein Lederwarengeschäft hier in der Nähe mit vielen schönen Handtaschen und Koffern und kann den Gedanken nicht ertragen, dass irgendwer feine Rindslederkoffer kauft, nur um da Sprengstoff reinzutun. Deswegen nennen wir ihn immer Kofferbomber, aber nur so unter uns. Nichts für ungut.

Es gab also lange Diskussionen, Börek oder Beten, und am Ende kam ein klasse Kompromiss dabei heraus, wirklich vom Feinsten: Mein Kiosk sollte ausgebaut werden! Sozusagen als Fassade eine schöne Dönerbude, gegen die niemand etwas einwenden könnte. Und hintendurch – im Gelände –, da sollte dann die Moschee hin, weniger im Blickfeld der Öffentlichkeit und auch nur mit kleinen Minaretten, als eine Art Erker an den Ecken. Der Imam sollte dafür umso stärkere Lautsprecher kriegen für seine Rufe zum Gebet. Das war eine prima Lösung: vorne Opium, hinten das Volk; ich meine umgekehrt, vorne was für den Magen, hinten was für die Seele; also vorne die Dönerbude und hinten die Moschee. Da können die Deutschen was mit anfangen, Döner lieben sie, und hinten wird gebetet, das fällt dann nicht mehr so auf.

Der Moslemrat ließ sich überzeugen. Ich hatte es geschafft! Ich sage ja, Weltfriede ist meine Mission.

Wir erklärten dem Architekten das Konzept, und er machte einen neuen Plan. Am Eingang zum Gelände würde es einen Essbereich geben – also quasi mein Kiosk, nur größer. Hinten sollte sich die Moschee befinden und in der Mitte ein Patio, ein Hof mit Pflanzen, so wie in Südamerika. Das war meine Idee.

Der Bauplan wurde dann von der Stadt genehmigt. Aber ehrlich gesagt, ich glaube, nur deswegen, weil ich im letzten Augenblick das Wort «Moschee» durchgestrichen und «Zentrum für nahöstliche Seelen-Wellness» draufgeschrieben habe. Man muss Reizworte ja nicht unbedingt benutzen, es gibt schließlich Alternativen. Deutsche sind da immer so empfindlich.

Wir bauten also. Die Polizei machte regelmäßige Rundgänge – um die Baumaßnahmen zu kontrollieren, wie es hieß – und nahm regelmäßig die Bauarbeiter mit, um ihre Personalien zu überprüfen. Vorsichtshalber. Irgendwann war der Imam das Hin und Her leid und sagte: «Maximiliano, übernimm du den Laden. Als Mexikaner bist du über jeden Islamistenverdacht erhaben.»

«Gut», sagte ich, «mach ich. Aber ist euch klar, dass dann das Drogendezernat jede Woche eine Razzia machen wird, eben *weil* ich Mexikaner bin?»

Ich stimmte trotzdem zu, ich bin ja nicht so. Hauptsache, alle sind zufrieden hinterher. Übrigens hat sich auch meine Mutter sehr gefreut, dass ihr Sohn jetzt Geschäftsführer einer internationalen Eventfirma mit islamischem Management ist.

Für den Ausbau von meinem Kiosk gab es allerdings eine Bedingung. Der Imam setzte sich umständlich mit mir hin, druckste herum und sagte zwanzigmal «Nimm's nicht persönlich, mein Sohn», weil er wohl befürchtete, ich würde sauer sein und aus der Sache aussteigen. Schließlich rückte er damit heraus, dass ich kein Bier mehr im Kiosk verkaufen dürfte, wenn hinten im Gelände eine richtige Moschee stände. Als die Moschee noch in Rudis Rümpellager war, hätte man nichts sagen können, aber jetzt ginge das nicht mehr. Die geschäftliche Einbuße sei ihm klar, aber leider, leider …

«Schon gut, Padre», hab ich ihm gesagt. «Ich biete schon seit einer Weile kein Bier mehr an. Korn auch nicht. Tomek, ich meine Tareq, will nämlich sonst in den leeren Flaschen Molotowcocktails mixen und mir die in die Bude schmeißen, angezündet natürlich. Und nee, ehrlich, so wichtig sind mir die Penner auch nicht, die den ganzen Tag an meinem Kiosk rumhängen und saufen.» Der Punkt war also geklärt. Der Imam ging sehr erleichtert weg, wollte sich aber nochmal mit Tareq zusammensetzen, um ein Wörtchen über dessen Aggressionspotential zu reden.

Auf das Brachland zwischen meinem Dönerbudenkiosk und der Moschee haben wir Bäumchen gepflanzt. Sie sehen noch mickrig aus, aber das wird schon. In der Mitte des Geländes ist ein kleiner Brunnen – ohne Wasser bis jetzt –, aber es reicht trotzdem, dass deutsche Rentner vorbeikommen, sich hierhin setzen und über die Kinder maulen, als wär's ein öffentlicher Park. Ich wünschte, die Nazis kämen auch mal wieder vorbei, nur um zu gucken, natürlich. Diese Rentner sind wahrscheinlich deren eigene Großeltern.

Auch wenn ich es selber sage: Die Anlage ist wirklich schön geworden. Wenn man reinkommt, sieht man auf den ersten Blick nur meinen Kiosk mit der neuen Fassade, wo groß DÖNER dransteht. Da denkt man nicht, dass weiter hinten auch noch eine Moschee ist, oder? Aber dann geht man durch den Patio, angelegt nach den strengen Kriterien orientalischer Gartenbaukunst – nicht, dass das außer dem Imam irgendwer bemerken würde, aber die Absicht zählt, finde ich –, und dann sieht man eine Mauer über dem Durchgang zur Moschee, auf der «Moschee» in verschiedenen Sprachen geschrieben ist; auf Türkisch, Arabisch, Deutsch und auch auf Polnisch. Wegen Tomek, ich meine Tareq, der hat drauf bestanden. Wenn man da durchgeht, ist's vorbei mit Fiesta, denn dahinter steht der Imam und redet von friedlicher Koexistenz und religionsübergreifender Ethik und gemeinsamen Familienwerten und holt aus gegen die Konsumgesellschaft. So ist er eben, der Gute. Wir lassen ihm den Spaß.

Ich will ja, dass alle glücklich sind, auch der Imam, Niemand soll das Gefühl haben, in meiner Fressbude geht's nur um Döner. Nein, ich sorge auch für das spirituelle Wohl meiner Klienten, sozusagen als Überleitung zur Moschee am anderen Ende des Platzes. Schließlich bin ich der Genscher der Glaubenskriege, der Vermittler der Religionen. Ich habe also neben die Speisekarte ein paar heilige Bücher gelegt: den Koran, dann den Koran für Katholiken – ja, die Bibel natürlich, was denn sonst? – und auch noch das Adi Granth. Vorher habe ich rumgefragt, welche Bücher unsere Klientel in der Gegend für heilig hält. Manche wollten ein Panini-Album mit der deutschen Mannschaft von 1974 dabeihaben, aber ich denke, drei, vier Religionen, das reicht. Zur Auswahl eben, denn zu essen gibt es ja auch nicht nur Döner. Menschen sind zufriedener, wenn man ihnen Alternativen bietet: Parteien, Speisekarten, Sexualpartner … Und für Religion sollte das Gleiche gelten, finde ich. Dieser Spruch «Du sollst keine anderen Götter haben neben mir» ist so was von unzweckmäßig und kleingeistig, halt typisch für provinzielle Denkweise. Wer sich das ausgedacht hat, ist doch wohl aus seinem Dorf im Sinai nie rausgekommen. Offenbar half da auch eine Gefangenschaft in Babylon nicht, obwohl, wie ich so gehört habe, war in Babylon damals richtig was los. Da gab's Götter bis zum Abwinken, und man hätte sich eine Menge abgucken können.

Wir in Mexiko zum Beispiel haben den meisten Spaß am ‹Día de los Muertos›, das heißt ‹Tag der Toten› und ist Allerseelen. Da feiern wir den Tod mit Feuerwerk und Fiesta und essen Marzipansärge und Totenschädel aus Zucker – das nenne ich Widersprüche harmonisch integrieren! Aber so was ist hier nicht angesagt. Versuchen Sie mal, eine ganz normale Moschee in Deutschland zu bauen, da würde selbst der Papst zum Amokläufer werden.

Als wir den Imbissbereich vorne ausgebaut und draußen groß DÖNER rangepinselt hatten, war Ruhe im Karton. Jedenfalls bei der Stadtverwaltung. Die Nazis schrien zwar immer noch «Brutstätte des Islamismus», aber auch nur, wenn sie sich Mut angetrunken hatten und in Gruppen vorbeikamen. Machen die immer noch, aber das ignoriere ich und denke: Gut, dass ich hier keinen Alkohol mehr verkaufe.

Aber wissen Sie, wer mir echt so richtig auf den Zeiger geht? Die normalen Leute, die braven Bürger, die es für ihre Pflicht halten, Leserbriefe wegen Gebetsbelästigung zu schreiben. Gute demokratische Deutsche, die nie eine rechtsradikale Partei wählen würden und der festen Ansicht sind, dass man natürlich den Islamisten nicht Tür und Tor öffnen darf, weil sonst die eigenen Kinder in der Schule bald Türkisch sprechen müssen! Trotzdem, ich sag immer: Leben und leben lassen! Irgendwann habt ihr Türkisch sprechende Enkelkinder, und das wird schneller gehen, als ihr denkt. Meistens reichen schon neun Monate.

Wie dem auch sei, wir hatten endlich eine Moschee, und ich hatte den großartigsten Kiosk der ganzen Stadt – mit Restaurantbereich, Park und Zentrum für nahöstliche Seelen-Wellness. Ich hab dann das Geschäftskonzept etwas erweitert. Bloß Döner ist einfach ein bisschen zu kurz gedacht. Zum Beispiel habe ich eine Gruppe Mariachis engagiert, die an allen Tagen außer Freitag Livemusik machen, nur bei mir in der Fressbude natürlich. In unseren meditativen Garten dürfen die nicht rein. Außerdem haben wir den Eingang mit papel picado dekoriert. Das sind bunte Girlanden aus Papier, die mir meine Mutter extra aus Mexiko geschickt hat. Unsere Combo 2, Mexican Mullah – ein Döner-Sandwich mit Guacamole und Chiles jalapeños für vier Euro –, ist übrigens auch bei den Rechten sehr beliebt. Aber die sagen nicht mal ein Tischgebet, gottloses Pack, que vayan al diablo.

Die Eröffnung war großartig, das hätten Sie sehen müssen! Die Mariachis hatten extra ein neues Lied komponiert: ‹Un Döner para Dios.› Auf Deutsch: ‹Einen Döner für den Herrn.› Da standen sie mit ihren Sombreros und Trompeten und Gitarren und sangen mit so viel Gefühl, dass selbst dem Teufel die Tränen gekommen wären. Das Grillfleisch brutzelte, die Stimmung war grandios und der Umsatz noch besser. Sie sehen, Religionen bringen Menschen zusammen, man muss nur wissen, wie. Doron verteilte Antragsformulare für die Konvertierung zum Islam, und je später der Abend, desto mehr Gäste wurden Moslems. Irgendwann in der langen Nacht hab auch ich da mein Kreuzchen gemacht. Seitdem heiße ich Mohammed. Der Imam kam und umarmte mich, ganz gerührt vor Dankbarkeit, und die Mariachis brachten ihm das Lied ‹Cielito lindo› bei, was ‹Hübsches Himmelchen› bedeutet. Der Rest vom Text ist zwar ein bisschen anders, als Gottesmänner sich das bei dem Titel so vorstellen, aber man muss ja nicht alles übersetzen. Jedenfalls sangen alle mit, sogar Tomek, ich meine Tareq, obwohl mich persönlich ein Sprengstoffgürtel beim Schunkeln gestört hätte. Doch unser Gotteskrieger ist da nicht so empfindlich. Jedem Tierchen sein Pläsierchen.

Im Nachhinein muss ich ehrlich zugeben, dass der Moscheebau verdammt viel Arbeit war. Es ist wirklich eine Herausforderung, alle glücklich zu machen, und ich sag mal so: Das haben wir tatsächlich geschafft. Wir werden bald die erste Filiale eröffnen, denn Religionen funktionieren am besten als große Franchise-Ketten. Das Geschäft brummt und auch das Merchandising. Wir geben jetzt sogar das Ratgeberheft *Schöner beten – Raumgestaltung für Glaubensentfaltung. Tipps für den islamischen Heimwerker* heraus, mit vielen nützlichen Ratschlägen für interessierte Moscheenbauer in Deutschland. Können Sie bei uns bestellen, falls Sie das mal tun wollen. Vorläufig, als kleine Aufmerksamkeit, nehmen Sie das mit nach Hause! Es ist die CD mit ‹Un Döner para Dios›. Verdammt gutes Kirchenlied, compañero!

Da tarnt sich doch ein Taliban!
Tipps zur Schläferjagd

Für mich geht die Sicherheit über alles. Die Sicherheit meiner Familie, meine ich. Da hat man Kinder in die Welt gesetzt, hat geackert und gemacht und getan, und dann will man auch, dass die in Ruhe und Frieden aufwachsen und nicht in die Luft gesprengt werden. Kann man doch verstehen, oder? Heutzutage weiß man schließlich nie so genau, wer einem bedrohlich werden könnte. Früher gab es in Deutschland gerade mal die RAF, das war's schon. Und wenn man nicht eben ein Richter oder ein reicher Unternehmer mit viel Geld war, hatte man nichts zu befürchten. Unsereins jedenfalls nicht. Aber inzwischen ist der ganze internationale Terrorismus international unterwegs, das heißt auch in Deutschland. Da müssen wir vorbauen.

Das Problem ist, wie man einen Terroristen erkennt. Das ist gar nicht so einfach. Früher musste man nur auf verdächtiges Verhalten achten und das dann der Polizei melden. Aber jetzt ist das viel komplizierter. Manche Terroristen sind nämlich Schläfer, das heißt, die wohnen einfach in einer Wohnung und gehen zur Arbeit und abends ins Fitnessstudio und am Wochenende in den Park – aber das ist alles Tarnung! In Wirklichkeit tun die nur so, als wären sie normal. Nehmen wir mal an, Sie haben einen Nachbarn und der grüßt so nett und hilft Ihnen, die schwere Einkaufstasche hochzutragen, und sagt, er arbeitet bei der Bahn und seine Frau wäre Hausfrau und in den Ferien fahren sie zum Segeln an die See, dann ist das möglicherweise alles Lug und Trug. Von vorn bis hinten! Erst mal arbeiten bei der Bahn kaum noch Leute, und wer weiß, bald gibt es die Bahn wahrscheinlich gar nicht mehr – da sorgen gewisse Manager schon für. Und klar, kann schon sein, dass die Frau den ganzen Tag zu Hause ist – aber weil sie am Küchentisch Bomben bastelt! Ja, weiß ich's denn?!

Ist doch alles möglich. Und die fahren in den Ferien vielleicht gar nicht an die See, sondern in ein Terroristen-Ausbildungslager nach Afghanistan, deswegen kommen die so knackig braun zurück und nicht vom Segeln.

Und schon sind wir wieder bei dem Problem, wie man einen Terroristen erkennt. Da gibt es mal einen ganz einfachen Punkt: Die meisten sind Araber. Also, wenn Sie einen sehen mit brauner Haut und Bart und Turban und all so was, dann ist das bestimmt ein Islamist. Da sollte man von vornherein vorsichtig sein, wenn einem die Sicherheit von den eigenen Kindern lieb ist. Besser einen zu viel als einen zu wenig verhaftet.

Aber ist Ihnen schon mal aufgefallen, dass man in letzter Zeit von Terroristen hört, die gar keine Araber sind, sondern Konvertiten? Das sind Araber aus freiem Willen, und die heißen dann Fritz oder so. Das ist ein ganz massives Problem, weil, die kann man gar nicht auf Anhieb erkennen! Da muss man zu ganz anderen Mitteln greifen. Einfach nur gucken reicht nicht mehr. Zum Glück hat die moderne Technik da einiges auf Lager. Sollte man gar nicht glauben, was heutzutage alles möglich ist. Ich persönlich hab was übrig für neue technische Entwicklungen, ich geh auch gerne in den Baumarkt und schau mich um, was es so Neues gibt. Mein Schlagbohrer ist vom Allerfeinsten. Und Technik gegen den Taliban – da steh ich voll hinter. Da gibt es eine ganze Menge. Ich erklär's mal kurz.

Zum Beispiel die Vorratsdatenspeicherung. Damit sollen alle SMS, Telefon- und Handyverbindungen für sechs Monate gespeichert werden. So was find ich total gut! Stellen Sie sich mal vor, es gab einen Anschlag, dann braucht man sich nur alle alten SMS anzugucken und die in Deutschland einmal durch so ein Computerprogramm zu jagen, wo die Software bestimmte Schlüsselwörter erkennt – so wie ‹Bombe› und ‹Anschlag› –, und sofort spuckt der Computer alles Verdächtige aus. Man sieht dann genau, wie diese Terroristen sich absprechen. SMS von Mohammed an Ali: «Morgen 15 Uhr 30: Anschlag auf HBF.» Ali an Mohammed: «Bin 15 Uhr 30 beim Sport.

Besser 17 Uhr. Vergiss die Bombe nicht!» Wenn man Terroristen auf die Spur kommen will, sollte man alle SMS und Handygespräche aufheben und dann mit so einer Spracherkennungs-Software analysieren. Ich weiß wirklich nicht, was die vom Verfassungsgericht für 'n Problem damit haben. Ist denen unsere Sicherheit egal?

Also, meine Telefonate kann die Polizei gerne abhören. Nur meiner Frau muss das nicht brühwarm erzählt werden, weil, da ist eine Arbeitskollegin von mir, die Sonja, mit der telefoniere ich manchmal, öfters auch ein bisschen länger, und die Gespräche sind nicht immer stubenrein – das geb ich schon zu. Aber so ein Polizist, der das abhört, der ist ja auch ein Kerl, und das würde der dann schon für sich behalten. Hoffe ich wenigstens. Von Terrorismus handeln die Telefonate nämlich nicht. Da fällt mir ein, ich sag der Sonja immer: Süße, du bist 'ne Bombe! Aber das kann man doch nicht falsch verstehen, oder? Jedenfalls ein normaler Polizist nicht – aber so 'ne Software vielleicht schon, die reagiert ja nur auf Schlüsselwörter. Ich glaub, ich müsste mich mal ein bisschen zusammennehmen, wenn ich mit der Sonja telefoniere.

Was jetzt die ‹Kommunikationsdatenerfassung› angeht – so heißt das nämlich in der Terrorjäger-Branche –, da fällt unserem Schäuble doch ausgerechnet das Bundeskriminalamt in den Rücken. Das BKA hat im Sommer 2007 nämlich 'ne Studie veröffentlicht, und dort heißt es, dass sich die «Verbrechensaufklärungsquote von derzeit 55 Prozent durch die Kommunikationsdatenerfassung aller Bürger im besten Fall auf 55,006 Prozent steigern ließe.» Hallo? Null Komma null null sechs Prozent mehr Verbrechen aufklären, obwohl man *alle* Telefon- und Handygespräche und *alle* SMS von *allen* Leuten in Deutschland abhören kann? Mehr nicht? Strengt euch mal ein bisschen an, Jungs! Wenn meine Tante Gundula alle Telefongespräche aus unserem Viertel abhören könnte, könnte die hinterher ein vollständiges Dossier über jeden einzelnen Teilnehmer anlegen! Null Komma null null sechs Prozent höhere Aufklärungsrate – ist das hier eine Bananenrepublik?! Ich zahl Steuern, damit man mich schützt!

Vielleicht klappt es ja besser mit der ‹Überwachung im öffentlichen Raum›: Da gibt's die Gesichtserkennung, die Nummernschilderkennung, die Anomalieerkennung, die Bewegungserkennung und so weiter. Das ist so Software, die an Videokameras angeschlossen wird – diese Kameras, die alles überall filmen. An Bahnhöfen und U-Bahn-Haltestellen und bei Großveranstaltungen und in Universitäten und innen in Bussen und so. Wir werden ja sowieso schon überall gefilmt, aber man sollte nicht denken, dass die Beamten hinterher die Kassetten mit nach Hause nehmen, sich gemütlich aufs Sofa setzen, ein Bier und 'ne Tüte Chips aufmachen und sich dann den ganzen Abend Videos von der Fußgängerpassage in der Innenstadt reinziehen. Nee, nee, die Auswertung macht eine Software. Und die achtet zum Beispiel darauf, ob sich jemand auffällig verhält. Das ist die ‹Anomalieerkennung›.

Die Software ist allerdings manchmal ein bisschen rigide. Neulich zum Beispiel, da hatte sich mein Kumpel, der Willi, den Kopf an 'nem Schrank gestoßen und kriegte deswegen so einen dicken Kopfverband. Weil er sich nicht wohl fühlte wegen der Riesenbeule, dachte er sich, er fährt zu seiner Mutter und lässt sich da betüddeln. Er hat also seinen Koffer gepackt und seinen Hund genommen – so 'n klitzekleiner Yorkshireterrier – und ist los zum Bahnhof. Kaum war er auf dem Bahnsteig, da fiel 'ne Gruppe Wachleute über ihn her und wollte ihn verhaften. Die Anomalieerkennungs-Software hatte nämlich Alarm geschlagen! Erst mal dachte die Software, Willis Kopfverband wäre ein Turban, und war deshalb schon mal misstrauisch. Dann hat Willi sich auf dem Bahnsteig auch noch neben seinen Koffer hingekniet, um seinen Schuh zuzubinden, und damit der Hund ihm dabei nicht weglief, hat er den unter seine Jacke gestopft. Daraus schloss die Software messerscharf, dass hier ein arabischer Terrorist im Schutze seines Koffers den Sprengstoffgürtel montiert, und da läutete natürlich sofort die Alarmglocke. Die Wachleute sind direkt los, um den Willi zu verhaften. Na ja, kleines Missverständnis. Die Technik muss halt noch ausreifen. Aber wenn einem die Sicherheit seiner Familie wichtig ist, nimmt man das in Kauf. Das hab ich auch dem Willi gesagt. Der war nämlich ganz maulig wegen dem Schlag auf seine Beule bei der Verhaftung und den Verhören und der Nacht in der Zelle und der verpatzten Reise zu seiner Mutter.

Viele von diesen Kontrollen können sich die Terrorjäger sowieso bald sparen, wenn wir überall Ausweise mit RFID-Chips haben. Das heißt ‹Radiofrequenzidentifikation› – wie es sie jetzt schon im Reisepass gibt. Noch besser sind die Smartcards. Gibt es auch schon. Diese Dinger sind echt großartig: Sehen aus wie normale Chipkarten, aber die können eigenständige Rechenoperationen durchführen und sind kontaktlos. Das heißt, die übertragen alle gespeicherten Daten per Funk. Nehmen wir mal an, da kauft sich ein Terrorist eine Monats- karte für die Straßenbahn. Sieht aus wie eine normale Payback-Karte vom Drogeriemarkt, aber haha, es ist eine kontaktlose Smartcard! Nun steht an sämtlichen Straßenbahn-Haltestellen so ein Smart- card-Lesegerät. Das weiß der Terrorist aber nicht. Das Lesegerät scannt alle Leute, die vorbeigehen, ohne dass sie es merken, denn eine kontaktlose Smartcard braucht ja keinen Kontakt mit dem Le- segerät, sondern sendet die Daten direkt per Funk! Der Terrorist merkt also auch das nicht. Jetzt können die Terroristenjäger hinge- hen und diese Daten auswerten – sagen wir mal, nachschauen, wo- hin alle Alis und Mohammeds in dieser Stadt am häufigsten fahren. Dort stellt man dann extra Wachen auf, und schon wurde wieder ein Anschlag verhindert! Moderne Sicherheitstechnologie ist wirklich phantastisch. Meine Kinder können in Ruhe zur Schule gehen, und ich muss mir nicht dauernd Sorgen um sie machen, denn jetzt ist Schluss mit den Taliban in der Straßenbahn!

Manche Verkehrsunternehmen setzen bereits auf kontaktlose Smartcards – zum Beispiel der nordrhein-westfälische Verkehrs- verbund VRR. Hab ich jedenfalls gehört. Angeblich wird noch gar nicht ausgenutzt, was die Karte alles kann, weil sich die Datenschüt- zer die ganze Zeit beklagen. Die stellen sich nämlich ziemlich an wegen der Datenerfassung mit den kontaktlosen Smartcards. Ich persönlich hätte nichts dagegen, ich hab nichts zu verbergen. Obwohl, wenn meine Frau dahinterkommt, dass ich ab und zu mal die Sonja besuche ... Ich fahr wohl besser mit dem Fahrrad und lasse meine Monatskarte zu Hause. Vielleicht ist das ja gar keine normale Chipkarte, sondern so eine kontaktlose Smartcard, und ich werde heimlich gescannt, und alle Lesegeräte in der ganzen Stadt wissen genau, wann ich zur Sonja gehe. Der Haken ist nämlich, dass mein Schwager Schaffner ist. Der braucht in der Zentrale nur mal in den Computer zu gucken und meine Frau anzurufen, und dann sitz ich in der Patsche ... Ich sollte sowieso mit der Sonja Schluss machen, bevor die auf die Idee kommt, von Scheidung und Heiraten und all so was zu reden. So 'ne Geschichte muss man beenden, *bevor* man Ärger kriegt.

Genau das sagt der Schäuble ja auch – ganz, ganz wichtig bei der Terrorismusbekämpfung ist die Prävention. Recht hat der Mann! Also, der Terrorist muss gefasst werden, *bevor* er den Anschlag begeht. Genau genommen muss der Terrorist daran gehindert werden, überhaupt erst zum Terroristen zu werden. Und dafür muss die Polizei ‹im Vorfeld ermitteln›. Das heißt, der Kommissar fängt an zu ermitteln, *bevor* der Mord geschehen ist. Das wäre jetzt für den Tatort natürlich ein bisschen doof, aber im echten Leben ist es doch besser, wenn der Kommissar den Gärtner verhaftet, bevor der überhaupt dazu gekommen ist, die Erbtante zu ermorden, oder?

Nun sind ja die meisten Terroristen nicht so wie du und ich und der Gärtner meiner Erbtante. Viele sind Ausländer, das fängt bei Obama, ich meine, Osama bin Laden schon an. Genau dafür gibt's prima neue Gesetze, und die helfen mit, im Vorfeld schon alle Terroristen auszusortieren. Zum Beispiel haben wir seit 2005 das neue Zuwanderungsgesetz – ich weiß, das hört sich jetzt so an, als dürften noch mehr Leute rein, aber nein, keine Sorge, das Gegenteil ist der Fall. Also, in dem Gesetz steht zum Beispiel, dass ‹Terrorismusverdacht› schon ausreicht, um einen Ausländer auszuweisen. Zum Glück! Ich muss gar nicht mehr warten, bis so ein Ali oder Mohammed einen Anschlag begangen hat. Ich brauch nur bei unserem

Kontaktbereichsbeamten vorbeizugehen und zu sagen, der Ali da im Haus neben uns, dritter Stock links, der hat immer so komische Besucher, die kommen mit Bart und langen Haaren rein und gehen mit 'ner ganz anderen Frisur wieder raus, und – zack! – wird der ausgewiesen. Sicherheit geht halt über alles! Und wenn sich hinterher herausstellt, der Ali war gar kein Terrorist, sondern hat mit all seinen Bekannten für seine Frisör-Gesellenprüfung geübt, da darf der bestimmt wieder einreisen. Ich würd' dann auch bei ihm vorbeigehen und mich entschuldigen und sagen: «Ali, nimm das jetzt nicht so persönlich, konnt' ich's denn wissen? Komm, schneid mir auch mal die Haare, hier, fünf Euro Trinkgeld, passt schon.»

Nehmen wir jetzt einmal an, der Ali ist wirklich ein Frisör, aber zwei von seinen Kumpels sind Schläfer, also Taliban in der Warteschleife. Die kommen in seinen Frisörladen, und während sie die Haare geschnitten kriegen, besprechen sie den nächsten Anschlag. Der Ali hört das, klar, der schneidet denen ja die Haare, und Frisöre kriegen bekanntlich immer alles mit. Dann hat der Ali ein Problem: Wenn er die nämlich nicht sofort meldet, gehört er quasi dazu. Das steht so im Paragraphen 129 a: Eine terroristische Vereinigung ist ein ‹Zusammenschluss von mindestens drei Personen, die bestimmte schwere Straftaten verüben, um ein gemeinsames politisches Ziel zu erreichen.› Dafür kann man als Höchststrafe zehn Jahre Haft bekommen. Drei Personen – das ist nicht viel. Ein Frisör plus zwei Kunden beim Haareschneiden macht summa summarum drei Leute. Reicht für eine Terrorgruppe nach Paragraph 129 a, und – zack! – sitzen der Ali und seine beiden Kumpels zehn Jahre im Knast. Ist jetzt vielleicht nicht fair dem Ali gegenüber, aber Sicherheit geht vor. Vor allem, wenn man Familie hat.

Ich finde, gegen Terroristen muss man das Beste einsetzen, was die deutsche Technik zu bieten hat: biometrische Daten im Pass, automatisierte Grenzkontrolle, Bundestrojaner im Computer. Da gibt's noch einiges mehr, und das soll die Polizei auch bitte schön benutzen, da kenn ich nix! Ich zahl Steuern, da kann ich wohl verlangen, dass meine Familie hier in Sicherheit lebt. Dafür darf man meinetwegen alle Leute flächendeckend abhören, auch zu Hause. Die Datenschützer sollen sich mal nicht so anstellen. Ich persönlich hab nichts zu verbergen. Und mit der Sonja mach ich morgen Schluss. Versprochen.

Rot ohne Käppchen

Richter: Die Verhandlung ist eröffnet. Die Anklage lautet: Unterstützung einer terroristischen Vereinigung, Einführung verbotener Schriften und Hochverrat. Ich bitte die Angeklagte, sich zu erheben. Name?

Angeklagte: Sandra-Janine Wegmüller.

Richter: Alter?

Angeklagte: 26 Jahre.

Richter: Wohnsitz?

Angeklagte: Klein-Waldnershausen, Landkreis Mendelpfingen, Oberpfalz.

Richter: Beruf?

Angeklagte: Kindergärtnerin.

Richter: Sie können sich setzen. Bitte beschreiben Sie Ihre berufliche Tätigkeit im letzten Jahr.

Angeklagte: Also, ich arbeite im Kindergarten am Marktplatz und leite die Bärchengruppe.

Richter: Bärchengruppe?

Angeklagte: Ja, das sind die Vierjährigen. Die Zweijährigen sind die Häschengruppe, die Dreijährigen die Bienchengruppe, die …

Richter: Schon gut, schon gut. Fahren Sie fort in der Beschreibung Ihrer Tätigkeit!

Angeklagte: Morgens um neun kommen die Kinder. Wir singen erst mal mit ihnen, dann folgt die Bastelstunde, das heißt donnerstags stattdessen Turnen, danach gibt es Mittagessen. Es dauert eine ganze Weile, bis alle aufgegessen haben. Nach dem Mittagessen lese ich den Kindern immer vor. Habe ich wenigstens. Es war immer so süß, wie die Kleinen riefen: «Ein Märchen, Tante Sandra-Janine!» *(Holt tief Luft)* Aber dann begann das Problem …

Verteidiger (hastig): Einspruch!

Richter: Einspruch stattgegeben. Angeklagte, bitte bleiben Sie bei der Beschreibung Ihrer Tätigkeit.

Angeklagte: Weil ich nicht mehr vorlesen konnte, also nichts mehr zum Vorlesen hatte, war es schwierig, die Kinder zum Mittagsschlaf zu bewegen. Ich versuchte es dann mit Schlafliedern, aber alleine mit zwanzig krakeelenden Kindern – da kam ich nicht gegen an. Und dann passierte ...

Verteidiger (flüsternd): Seien Sie still! Jetzt noch nicht!

Angeklagte (flüsternd): Ja, aber die waren doch so freundlich, diese Leute, und ...

Richter (ungeduldig): Frau Wegmüller! Fahren – Sie – bitte – endlich – fort!

Angeklagte: Nach dem Mittagessen spielen die Kinder normalerweise im Hof, danach gibt's Kakao, dann machen wir Reimspiele. Und um fünf Uhr werden sie dann abgeholt.

Richter: Bitte geben Sie eine kurze Beschreibung Ihrer Hobbys und Ihres Privatlebens.

Angeklagte: Dienstags gehe ich nach der Arbeit meistens mit meiner Freundin, der Sabine, ins Eiscafé. Sie bestellt immer einen Erdbeerbecher, aber ich mag lieber was Schokoladiges, also nehme ich eher den Schokobecher ...

Richter (etwas angespannt): Frau Wegmüller, diese Details dienen nicht direkt der Wahrheitsfindung. Fassen Sie sich bitte kürzer!

Angeklagte: Ja. Hobbys ... ehm ... ich stricke gerne. Privatleben habe ich eigentlich keins, seit der Micha, also der Michael, mit mir Schluss gemacht hat. Das war voriges Jahr. Schade war das.

Richter: Religion?

Angeklagte: Also, beten tue ich normalerweise nicht, außer, es könnte was schiefgehen. Heute Morgen vor der Verhandlung habe ich natürlich gebetet, aber ...

Richter (seufzend): Welche Religionszugehörigkeit?

Angeklagte: Was? Ach so. Katholisch.

Richter: Kontakte ins Ausland?

Angeklagte: Im letzten Sommer war ich im Club Méditerranée in

Spanien. Da hab ich jemand kennengelernt – den Sergio. Er arbeitete an der Bar. Total süß war der, mit großen schwarzen Augen, konnte auch ein bisschen Deutsch. Also, wir haben uns ganz schnell angefreundet. Soll ich genau erzählen, wie das war? In der Clubdisco hat der Sergio ...

Richter (hastig): Nein, das brauchen Sie nicht genau zu erzählen. Wir kommen jetzt zu den Ereignissen ab Oktober, nach Inkrafttreten des Gesetzes zur Haupthaarverhüllung.

Angeklagte: Ich hatte von dem Gesetz im Fernsehen erfahren. Erst dachte ich mir nichts weiter dabei, außer, na ja, dass das richtig ist, so ein Kopftuchverbot. Ist doch wirklich nicht schön, so ein Kopftuch. Man kann damit Frauen unterdrücken, und die Frisur wird auch zerdrückt. Außerdem hieß es, dass das Ganze irgendwie mit dem Verhüllungsverbot zusammenhängt, wegen den Moslemdemos. Und mal ehrlich, Turbane bei Männern müssen auch nicht sein. Also, ich fand das Gesetz zur Haupthaarverhüllung gut. Erst mal. Ich selber trage höchstens eine Mütze im Winter, aber darauf kann man auch verzichten, dazu war ich gern bereit. Man muss doch Opfer bringen bei der Terroristenjagd.

(Heiterkeit im Publikum)

Richter (energisch): Ich fordere das Publikum zur Ruhe auf! Frau Wegmüller, sparen Sie sich Ihre ironischen Bemerkungen! Sie sind wegen Unterstützung einer terroristischen Vereinigung vor Gericht.

Angeklagte: Ironische Bemerkungen? Wieso?

Richter: Schon gut, fahren Sie fort. Wir waren beim Gesetz zur Haupthaarverhüllung.

Angeklagte: Also, man merkte eigentlich erst nach und nach, wo überall die Kopfbedeckungen wegfielen. Polizisten ohne Mütze, Krankenschwestern ohne Haube, Köche ohne Kochmützen, aber man gewöhnt sich ziemlich schnell daran, sogar bei Nonnen. Hauptsache, die Moslems und ihre Frauen haben keine Turbane oder Kopftücher mehr auf, dachte ich. Doch dann kam die Sache mit den Büchern.

Verteidiger: Meine Mandantin meint den Sondererlass zum Verbot der bildlichen Darstellung von Kopfbedeckungen.

Angeklagte: Ja genau, eben die Sache mit den Büchern. Die Leiterin des Kindergartens bekam irgendwann die Liste der verbotenen Bücher ausgehändigt, und die meisten von unseren Bilderbüchern standen drauf. Wir mussten fast alle aussortieren, stellen Sie sich das mal vor! Vorher war uns das gar nicht so aufgefallen, aber in jedem Märchen trägt irgendwer ein Kopftuch: Frau Holle, die Gretel bei Hänsel und Gretel, die Hexe sowieso und natürlich Rotkäppchen. Nur Rapunzel nicht.

Richter (bemüht freundlich): Könnten Sie bitte endlich zur Sache kommen?

Verteidiger: Meine Mandantin bezieht sich auf besagten Sondererlass. Vielleicht darf ich das kurz zusammenfassen, um uns allen noch einmal die Rahmenbedingungen dieser Vorgänge ins Gedächtnis zu rufen: Im Zuge der verschärften Terrorjagd wurde im vergangenen Jahr das Gesetz zur Haupthaarverhüllung erlassen, um endlich das Tragen von Kopftüchern, Turbanen und so weiter zu unterbinden. Wie wir wissen, setzte die Politik damit ein für alle Mal durch, dass kulturelle und religiöse Manifestationen, die offen im Widerspruch zur Leitkultur standen, rigoros verboten werden konnten. Um nun ...

Richter (mürrisch): Herr Kollege, uns ist der weitere Verlauf der Ereignisse durchaus bekannt. Wir wissen, dass *sämtliche* Kopfbedeckungen erfasst wurden, um ein Durcheinander verschiedener Verordnungen zu vermeiden. Wir wissen, dass dies unangenehme Proteste von Bauarbeitergewerkschaften, Brautartikelherstellern, der Bischofsvereinigung und anderen Betroffenen nach sich zog und dass selbst Kinderärzte protestierten, weil es im Winter keine Wollmützen mehr gab und die Mittelohrentzündungen bei Kleinkindern drastisch zunahmen. Das Gesetz zur Terrorbekämpfung war ein Erfolg, weil Araber, Türken, Islamisten generell endlich in Massen ausreisten, was die Zahl der zu überwachenden Bevölkerung enorm verringert hat. Nicht zu vergessen die russlanddeutschen Omas. Aber wie gesagt, das ist alles weithin bekannt. Worauf wollten Sie also hinaus?

Verteidiger (verhalten): Genau darauf, Euer Ehren. Auf die Fortsetzung dieser so erfolgreichen Politik unter anderem mittels des Sondererlasses zum Verbot der bildlichen Darstellung von Kopfbedeckungen. Für die Laien im Gerichtssaal: Seitdem sind auch Bilder von Menschen mit Kopftüchern und Turbanen nicht mehr erlaubt. Dies nun brachte meine Mandantin in unvermutete Schwierigkeiten, weil ...

Angeklagte (erregt): Ich will selber weitererzählen! Die Politiker haben ja überhaupt keine Ahnung, was sie mit dem Bildergesetz angerichtet haben! Verkleiden fiel schon mal weg im Kindergarten. Die Cowboyhüte wurden konfisziert, die Batman-Kappe, die Hasenmütze mit den Ohren – alles weg. Gut, dachten wir uns, wir haben ja anderes Spielzeug. Bauklötze, Buntstifte, kein Problem. Das heißt, morgens und nachmittags war es auch kein Problem. Aber nach dem Mittagessen müssen die Kinder ein Schläfchen machen, und dafür lesen wir vor. Märchen eben. Und da hatten wir den Salat!

Richter: Könnten Sie uns das genauer erläutern?

Angeklagte: Habe ich doch eben schon, hört denn keiner zu?

Richter: Mäßigen Sie Ihren Ton, sonst lasse ich Sie von der Verhandlung ausschließen!

Angeklagte: Aber ich sag doch nur ...

Verteidiger: Schon gut, schon gut. *(Flüsternd zur Angeklagten)* Reißen Sie sich zusammen, sonst landen Sie in Guantánamo!

Angeklagte: Wo? Im Gartenklo?

Verteidiger (mühsam beherrscht): Bitte erklären Sie dem netten Herrn Richter das mit Rotkäppchen.

Angeklagte: Sie kennen doch das Märchen, nicht wahr? Da heißt es: «Es war einmal eine kleine süße Dirne, die hatte jedermann lieb, der sie nur ansah, am allerliebsten aber ihre Großmutter, die wusste gar nicht, was sie alles dem Kinde geben sollte. Einmal schenkte sie ihm ein Käppchen von rotem Sammet, und weil ihm das so wohl stand und es nichts anders mehr tragen wollte, hieß es nur das Rotkäppchen.» Verstehen Sie? Kappe – Kopfbedeckung! Rotkäppchen wurde verboten. Hänsel und Gretel wurden verboten. Die Gretel hat nämlich ein Kopftuch auf und die Hexe auch. Man kann doch kleinen Kindern keine Bilder von Frauen zeigen, die ein Kopftuch tragen. Kopftücher gehören nicht zur Leitkultur! So hieß es jedenfalls in dem Leitfaden für Schulen und Kindergärten. Tja, und wir hatten keine Märchenbücher mehr. Stattdessen mussten wir aus pädagogisch wertvollen, modernen Kinderbüchern vorlesen. Wie sollten denn die Kleinen bitte einschlafen, wenn sie genötigt waren, sich in die Probleme anderer Gleichaltriger hineinzudenken und auf konstruktive Lösungen hinzuarbeiten?! Wir hatten also jeden Mittag einen Saal voll krakeelender Kinder.

Richter: Frau Wegmüller, kommen wir nun zu den Handlungen, derentwegen Sie heute vor Gericht stehen.

Angeklagte (zunehmend zorniger): Sehr gerne! Wir Kindergärtnerinnen mussten nämlich alles ausbaden. Meine Kolleginnen erschienen morgens schon mit Ohropax zur Arbeit, weil sie das Dauergeschrei nicht mehr ertragen konnten. Die Mütter beklagten sich nachmittags, dass die Kinder keinen Mittagsschlaf gemacht hätten und total quengelig seien. Und das war die Wahrheit! Die wurden zu kleinen, grässlichen Monstern, die nie schliefen und den ganzen Tag herumquäkten. Ich überlegte schon, mir einen anderen Job zu suchen, bevor ich diese ekelhaften kleinen Schreihälse erdrosseln würde …

Verteidiger: Meine Mandantin meint das nicht wörtlich.

Angeklagte: Oh doch, das meine ich wörtlich! Wir Kindergartentanten haben zusammen überlegt, wie man die verdammten Blagen zum Schweigen bringen könnte. Mit Knebeln oder Valium – egal. Uns wäre alles recht gewesen. An einem Samstagnachmittag saß ich im Park und heulte. Aus lauter Verzweiflung. Ich wollte einfach nur ein bisschen Ruhe, verstehen Sie, aber dann rannten schon wieder ein paar Gören auf mich zu und kreischten herum.

Mir platzte der Kragen, und ich kriegte einen richtigen Anfall. In dem Augenblick kam ein freundlicher und übrigens sehr gut aussehender Mann vorbei – so ein großer dunkler Typ, erinnerte mich an George Clooney –, und der kümmerte sich ganz nett um mich. Er setzte sich zu mir auf die Parkbank und beruhigte mich. Schließlich erzählte ich ihm vom Kopftuchverbot, den Bilderbüchern, den Kindern ohne Mittagsschlaf und habe gesagt: «Ich würde alles darum geben, endlich wieder Rotkäppchen vorlesen zu können!» Das war eher so eine Redewendung. Daraufhin meinte er nur: «Aha?!» Wir kamen ins Gespräch, und er bot an, mir zu helfen. Also verabredeten wir uns.

Richter: Was geschah bei dem nächsten konspirativen Treffen?

Angeklagte: Konspi-was? Nein, da war nichts Sexuelles.

(Heiterkeit im Publikum)

Richter (barsch): Zum letzten Mal! Ich fordere das Publikum zur Ruhe auf!

Angeklagte: Er brachte das verbotene Buch mit.

Richter: Den Koran?

Angeklagte: Hä? Nein, Grimms Märchen. Er hat seinen Mantel geöffnet und es mir kurz gezeigt.

Richter (interessiert): Was hat er Ihnen gezeigt?

Angeklagte: Das Buch natürlich, was denn sonst?! Er hat gesagt, dass ich es für mich haben könne, aber ich müsste ihm seine Unkosten erstatten, die sehr hoch seien. Das fand ich wirklich anständig, denn er hätte sich das Buch auch bezahlen lassen können. Deswegen ging ich zu den anderen Kindergärtnerinnen und sammelte Geld.

Richter: Haben Sie, nachdem Sie besagtes Buch erhalten hatten, weitere Geschäfte mit diesem Mann eingefädelt?

Angeklagte (verwirrt): Was denn für Geschäfte? Er war mir einfach behilflich. Diese Bücher druckt man doch nur noch in Ländern, wo das Kopftuchverbot nicht gilt – in Arabien, glaube ich. Das kostet schon mal. Und dann muss man sie hierherbringen. Das kostet nochmal. Aber, wie gesagt, es war alles nur reine Unkostenerstattung. Und das Geld haben wir gern bezahlt. Es gab wieder Frau Holle, es gab Rotkäppchen, die Kinder schliefen gut, unsere Nerven beruhigten sich, und wir konnten die Valiumdosis herabsetzen.

Richter: Für das Protokoll: Ich halte fest, dass die Angeklagte hinsichtlich der Einführung verbotener Schriften geständig ist. Frau Wegmüller, war Ihnen klar, dass dieser Mann ein gefährlicher Terrorist ist?

Angeklagte (resolut): Nein! Und das glaube ich auch nicht. Er hatte so viel Verständnis für Kinder. Mehr als Sie, will ich mal sagen.

Richter (aufgebracht): Was soll das denn heißen, Frau Wegmüller? Meinen Sie, ich verstehe nicht, dass kleine Kinder Märchen mögen? Dass sie die schönen Geschichten vermissen? Im Übrigen betrifft das durchaus auch Erwachsene. (Räuspert sich mehrmals) Aber das tut hier nichts zur Sache. Sie haben zu begreifen, dass die Leute, mit denen Sie Kontakt pflegen, eine Bedrohung sind. Aus diesem Grund wurden die betreffenden Maßnahmen zum Schutz der deutschen Kultur und Familie eingeführt.

Angeklagte: Jaja, das verstehe ich. Aber weswegen bin ich dann bitte verhaftet worden? Das hat mir noch keiner richtig erklärt.

Richter (übertrieben langsam und deutlich): Frau Wegmüller, liebe Sandra-Janine, dieser Mann gehört zu einem gefährlichen Terrornetzwerk, das auf internationaler Ebene Märchenbücher verschiebt und in alle europäischen Länder schmuggelt, in denen das Haupthaarverhüllungsverbot gilt. Böse Leute, verstehen Sie? Diese Bande arbeitet eng zusammen mit illegalen norwegischen Pudelmützenherstellern, die nach Inkrafttreten der EU-Verordnung über die Verhüllung in den Untergrund gegangen sind, anstatt ihre Produktion auf Wollhandschuhe umzustellen. Die Bücher sind nur der Anfang. Als Nächstes kommen die Pudelmützen! Und Sie, Frau Wegmüller, liebe Sandra-Janine, Sie sind ein Verbindungsglied der Terroristen, um verbotene Schriften weiterzuverbreiten. Damit öffnen Sie das Tor für die Korruption unserer Kinder!

Angeklagte: Welches Tor denn? Im Kindergarten gibt's nur eine Pforte zum Garten und sonst ganz normale Türen!

Richter (leise): Sie haben die Märchen vorgelesen, nicht wahr?

Angeklagte: Ja, natürlich. Die Kinder sind doch noch viel zu klein, um selber zu lesen.

Richter (noch leiser): Welche Märchen genau?

Angeklagte: Na, die im Buch sind. Soll ich die jetzt alle aufzählen?

Richter (flüstert beinahe): Und haben Sie mit den Kindern auch Märchenraten gespielt? Sie wissen schon, man liest ein Stück aus der Mitte eines Märchens vor, und anstatt den Namen der Hauptfigur zu nennen, sagt man «Mtata».

Angeklagte (fröhlich): Ja, natürlich. Am liebsten mögen die Kinder Schneewittchen, weil man da so viele Möglichkeiten hat, wissen Sie? Beim Zwergeraten muss man sich ganz schön anstrengen. Froschkönig ist auch gut. Oder das tapfere Schneiderlein …

Verteidiger: Ich würde gern auf den eigentlichen Sachverhalt …

Richter: Setzen Sie sich! Ich habe meine Befragung noch nicht beendet. *(Lächelt versonnen)*

Angeklagte: Gevatter Tod ist ein bisschen zu gruselig, das machen wir mit den Kleinen noch nicht, aber Dornröschen … obwohl, die trägt ja einen Schleier.

Richter: Ich habe beim Vorlesen immer gut aufgepasst.

Angeklagte: Na, dann raten Sie doch mal, welches Märchen das hier ist. Sie können sogar eine Kleinigkeit gewinnen. Ich habe immer Buntstifte und ein paar Süßigkeiten dabei. *(Überlegt kurz)* Also: «Die Großmutter aber wohnte draußen im Wald, eine halbe Stunde vom Dorf. Wie nun Mtata in den Wald kam, begegnete ihm der Wolf. Mtata aber wusste nicht, was das für ein böses Tier war, und fürchtete sich nicht vor ihm.» Und? Erkannt? Herr Richter? … Herr Richter?

Richter (erstickt): Rot…käppchen.

Verteidiger: Euer Ehren, ich schlage vor, wir …

Richter: Keine weiteren Fragen. Die Verhandlung ist vertagt. *(Fängt an zu weinen)*

Der letzte Text

Es geschah vor ein paar Jahren, vielleicht war es auch gestern, und es könnte morgen wieder geschehen. Im Prinzip tut es das ständig. Ich wollte umziehen, oder ich musste; die Familie, Sie wissen schon. Also begab ich mich auf die Suche nach einer Wohnung, verschickte Mails an alle Leute, die ich kannte, machte Aushänge an Verkehrsampeln, Strom- und Blumenkästen in den Stadtteilen, die mir interessant erschienen. Man muss streuen – die Grundregel eines jeden erfolgreichen Börsianers –, nicht nur im Winter. Ich hielt Augen und Ohren offen, spielte sogar das Ich-bestelle-mir-eine-Wohnung-im-Universum-Spiel. Man weiß ja nie.

Geladen mit positiver Strahlkraft wie ein Uranbehälter, durchforstete ich die Zeitungen, und siehe da, meine Bestellung schien im Universum angekommen und schon bearbeitet worden zu sein. Eine Wohnung, wie ich sie mir gewünscht hatte, stand in der Zeitung, und das Einzige, was mich noch von ihr trennte, war ein Telefonat.

Ich griff zum Hörer und rief eine Festnetznummer an. Nach ein paar Sekunden meldete sich eine Männerstimme ohne Namen und ohne besonderen Gruß, einfach nur mit einem «Ja?!». Ich erklärte mein Anliegen, dass ich die Wohnungsanzeige in der Zeitung gesehen hätte und erst mal nur wissen wollte, ob die Wohnung überhaupt noch zu haben sei. Der Mann am Telefon überraschte mich mit einer Gegenfrage, die ich wirklich nicht erwartet hatte. Er fragte mich, wie denn mein Name laute. Ich sagte: «Çevikkollu.» Nun war er gewillt zu antworten mit einem kurzen «Nein, die Wohnung ist weg!».

Ich legte auf. Die Stille um mich herum klang anders als zuvor. Ich saß da – ich weiß nicht, wie lange –, eine halbe, vielleicht eine ganze Ewigkeit, ausgebremst von der Realität, die ich so nicht für möglich gehalten hätte. Von einem Augenblick auf den anderen entgleiste mein Gesichtszug und kollidierte mit dem in der Realität nicht existent geglaubten Hindernis. Mein ganz persönliches Tschernobyl.

Es sind Erlebnisse wie diese, die einen noch Tage beschäftigen. Man spielt im Geist die Situation immer wieder durch auf der Suche nach der richtigen Antwort, dem richtigen Verhalten, nach dem, was man hätte sagen oder tun sollen. In jenen Momenten hat man keine Zeit, man ist damit beschäftigt, sprachlos zu sein. Irgendwann kam ich allerdings zu einem Ergebnis, wie das Gespräch hätte verlaufen müssen. «Guten Tag, ich melde mich auf die Wohnungsanzeige in der Zeitung und wollte zunächst einmal wissen, ob die Wohnung überhaupt noch zu haben ist.» Die Telefonstimme: «Wie heißen Sie denn?» Ich, nach einem kurzen Moment des Wunderns und Schweigens: «Goebbels!»

Irgendwann fing ich an, solche Geschichten aufzuschreiben. Ihr Verlauf war mir oft nicht klar, ich wusste nicht, wie sie enden würden, nur den Titel hatte ich schon, aber dazu später ...

Manchmal laufe ich auf dem Heimweg an der Spielhalle vorbei und sehe da ein paar von den Jungs herumstehen. Jungs, mit denen ich aufgewachsen bin. Manche von ihnen haben sich anscheinend dafür entschieden, den ganzen Tag vor der Spielhalle herumzustehen. Warum auch nicht? Ich bleibe ein paar Minuten bei ihnen, wir reden ein bisschen, und hin und wieder frage ich sie: «Ey, sagt mal, warum steht ihr eigentlich den ganzen Tag hier rum? Ist das nicht total langweilig?» Einer von ihnen, Sinan, schaut mich an. Er schaut sehr ernst und sagt: «Was sollen wir denn sonst machen?» Und mir wird augenblicklich klar, sonnenklar, dass es für sie kaum andere Ausweichmöglichkeiten gibt. Keine Ausbildung, kein Job, kein Geld. Menschen mit Perspektiven schauen anders aus der Wäsche. Ich bleibe meistens auf eine Zigarettenlänge oder zwei, dann gehe ich weiter und denke: Die Jungs sind noch nicht mal selber schuld – obwohl, der eine oder andere vielleicht schon – aber die haben im Grunde alle keine echte Chance. Das Leben ist keine Spielhalle.

Jessy ist mit Harald verheiratet, einem Weißen. Harald und Jessy haben ein gemeinsames Kind – ein Baby, ein Säugling, ein süßer Fratz. Natürlich sind sie glücklich, weil Babys einfach glücklich machen. Das Kind von Harald und Jessy ist recht hell, aber das ist nichts Ungewöhnliches bei Neugeborenen, die dunkeln nach mit der Zeit. Das wissen die wenigsten, die wenigsten Weißen, meine ich.

Ich hatte mich mit Jessy verabredet, um den kleinen Ben anzuschauen. Wir saßen in einem Café in der Fußgängerzone, das Wetter war schön, das Leben ist es sowieso. Eine junge Mutter hat ja eine Menge zu erzählen, vom Kindspech bis zur Stilleinlage – alles ein Abenteuer. Wir redeten, das heißt, sie redete, und ich tat so, als ob mich das alles wahnsinnig interessieren würde. Das kleine Frischgepresste lag in seinem Highend-Kinderwagen und schaute mit großen Augen in die Welt, eine Welt, die sich ziemlich schnell verdunkeln sollte. Eine alte Oma, wie es sie zuhauf in diesem Lande gibt, tauchte ganz unerwartet am Horizont des kleinen Ben auf und machte das, was alle Omas machen, die sich über Kinderwagen beugen. Sie sagte «Dududada» und freute sich über den Anblick dieser strampelnden Unschuld. Dann schaute sie die Mutter an, schaute das Kind an, und ein Fragezeichen schien sich über ihrem graublauen Haar zu bilden. Schließlich beugte sie sich zu Jessy und sagte, auf Ben deutend: «Da hat es aber nochmal Glück gehabt!»

Es gibt Momente im Leben, da glaubt man nicht, was man hört, und wieder andere, da hört man nicht, was man glaubt. Und dann gibt es Momente wie diese. Momente der tiefen Einsicht in die Selbstverständlichkeit des Seins, Momente des Ungefilterten und – noch schlimmer – des Gutgemeinten. Die Oma – ich nenne sie mal Elefantenauge – hatte auf keine Antwort gewartet, war sich nicht im Geringsten irgendeiner Schuld bewusst. Streng genommen hatte sie gar keine Frage gestellt, sondern eine Feststellung getroffen. Sie lachte, aus ihren alten Augen strahlte es, und dann bahnte sie sich, ohne noch einmal Notiz von uns zu nehmen, mit ihrer Gehhilfe einen Weg zurück in den Strom der Menschen, der an uns vorbeifloss.

Jessy war kreidebleich geworden, ich hatte auch nicht mehr Farbe zu bieten. Wir schwiegen eine Weile. Der Fluss klang jetzt ganz anders.

Ich dachte mir, dass ich diese Geschichte unbedingt aufschreiben müsste. Nicht, weil es eine besondere Geschichte ist – das bestimmt nicht; im Gegenteil, ich denke, so etwas passiert täglich und tausendfach in unserem Land –, sondern weil sie es wert ist, erzählt zu werden.

Heute Abend, als ich an der Ecke mit den Jungs zusammenstand, kam ein Typ vorbei und gesellte sich zu uns. Ich kannte ihn bisher nicht, die anderen aber schon. Er schien in letzter Zeit häufiger vorbeizukommen. Noch recht jung, gutaussehend, dezent angezogen – ein wacher, sympathischer Mann. Er war gebildeter als alle anderen, das merkte man sofort. «Nein, ich habe nicht studiert», sagte er lächelnd auf meine Nachfrage. «Ich lese nur viel. Ich informiere mich.» Wir sprachen über dies und das, auch über die Situation in Deutschland. Ein interessanter Typ mit fundiertem Wissen.

Als er ging, redeten die anderen über ihn. Ein paar von meinen Kumpels finden ihn ätzend, aber ein paar respektieren ihn sehr, so sehr, dass sie aufgehört haben, Alkohol zu trinken. Hätte ich nie für möglich gehalten. Er hat ihnen nämlich nicht nur die Gesellschaft, in der wir leben, und ihre Probleme nähergebracht, sondern auch die Religion. Der Typ hat mich schon beschäftigt; ich finde es gut, wie er manchmal die Dinge auf den Punkt bringt, was schiefläuft in dieser Gesellschaft und woran das liegen könnte. Wo er recht hat, hat er recht.

Wenn das einer mal so klar ausspricht, hat man zumindest nicht mehr das Gefühl, allein zu sein mit seinen Erfahrungen und Gedanken.

Manchmal, wenn ich spätnachts mit dem Auto nach Hause fahre, taucht ganz unvermittelt hinter einer Kreuzung oder einer Abbiegung eine Kolonne von Polizeiautos auf. Diese Autos sind meist so angeordnet, dass sie auf der Straße eine Schikane darstellen, das heißt, man muss ganz langsam fahren und darauf hoffen, einfach durchgewinkt zu werden. Diese Hoffnung habe ich vor langer Zeit aufgegeben. Ich fahre also immer schön langsam an die Schikane heran, damit sie beginnen kann, und natürlich werde ich mit meinem heckgetriebenen Zweisitzer immer herausgewunken. Warum auch nicht?

In einer solchen Situation läuft alles nach einem bestimmten Ritual ab. Ich fahre den Wagen an die zugewiesene Stelle, stelle den Motor ab und das Licht aus, löse den Anschnallgurt und verharre; harre der Dinge, die da kommen werden. Es ist wichtig, an diesem Punkt nicht zu viel zu tun. Einmal habe ich versucht auszusteigen, einfach so – da war aber etwas los.

Der Polizist tritt langsam und gemessenen Schrittes an den Wagen heran, mit einer Haltung, die sehr bürgernah ist, sehr freundlich, geradezu hilfsbereit. Man könnte die Haltung auch umschreiben mit den Worten: Ich bin hier der dicke Ficker. (Entschuldigen Sie das harte Wort ‹dicke›.) In dieser besagten Haltung steht er nun am Wagen, verlangt nach der Fahrerlaubnis wie auch den Fahrzeugpapieren, bekommt diese und geht mit dem Hinweis, sie überprüfen zu müssen, wieder weg. Nicht so sein Kollege. Der steht an der Fahrerseite und leuchtet mit einer stattlichen Taschenlampe das Wageninnere aus, leuchtet und leuchtet. Ein Moment, in dem sich einem die Bedeutung von ‹Armleuchter› schlagartig neu erschließt.

Einmal passierte es bei einem solchen Routineritual, dass der andere, der mit meinen Sachen weggegangen war, wiederkam und mir meine Papiere zurückgab, mich jedoch weiter anschaute und schließlich sagte: «Wie kommt es, dass ein Typ wie *du* sich so einen Wagen leisten kann?»

Da war sie wieder, diese Stille, die ganz anders klang als zuvor.

Aber ich hatte keine Zeit für diese Stille, ich musste zuerst die Neugierde des Verkehrspolizisten befriedigen. Ich sah ihn also an und sagte sehr sanft und freundlich: «Ich weiß auch nicht, Herr Wachtmeister – vielleicht, weil ich in der Schule aufgepasst habe?!»

Dann ließ ich den Wagen an und rollte langsam davon. Ich wollte schnell nach Hause. Ich hatte etwas aufzuschreiben. Eine Geschichte mit dem Titel ‹Wie ich zum Terroristen wurde›.

Manchmal, wenn mir so bestimmte Dinge im Kopf herumgehen und ich wirklich geladen bin wegen gewisser Sachen, wenn zum Beispiel Konzerne Gewinnmaximierung zum goldenen Leitsatz erheben und sich das bei normalen Leuten, bei Familien als Existenzangst widerspiegelt; wenn Menschen tagtäglich arbeiten, aber davon ihr eigenes Leben nicht mehr finanzieren können; wenn Politiker Wahlkämpfe führen und damit rechte Feindseligkeiten schüren oder soziale Spannungen in Kauf nehmen, nur, um gewählt zu werden, obwohl sie sich ihrer Verantwortung bewusst sein und ganz andere Töne anschlagen müssten; wenn sie diese Töne spätestens nach dem Wahlkampf wiederfinden und keiner von ihnen echt ist, dann freue ich mich darauf, Ahmed zu treffen. So heißt der Mann von der Ecke. Mit ihm kann ich darüber diskutieren. Er gehört zu irgendeiner religiösen Gruppe. In manchen Ländern ist so was verboten; ich kann mir schon vorstellen, warum. Niemand hört gerne, wenn andere eine harte Wahrheit aussprechen. Und das tut dieser Ahmed immer. Es ist interessant, sich mit ihm zu unterhalten; ich bin immer wieder überrascht, wie klar er die Dinge analysiert. Hier in dieser westlichen Gesellschaft haben manche Leute halt keine Chance – einfach aufgrund ihrer Herkunft oder Hautfarbe oder Religion. Obwohl man ja annehmen sollte, wir seien schon durch den Artikel 1 des Grundgesetzes in dieser Hinsicht geschützt, aber von wegen!

Manchmal kommt man abends nach Hause und stellt fest, irgendetwas ist anders als sonst.

Eines Abends öffnete ich meine Wohnungstür und wunderte mich schon, dass sie nicht abgeschlossen war. Ich überlegte kurz, ob ich das vielleicht vergessen hatte, wäre ja möglich gewesen. Ich legte meine Sachen ab und ging in die Küche, dort war alles normal. Danach ging ich in mein Arbeitszimmer und sah mich mit einer sehr unangenehmen Realität konfrontiert: Alle meine Sachen waren durcheinander; mehr als sonst. Meine Unordnung beschränkt sich normalerweise auf meinen Schreibtisch, aber jetzt lagen die Schubladen auf dem Boden, und ihr Inhalt war großzügig im Raum verteilt. Ich erschrak. Nun hatte ich Gewissheit: Ich hatte tatsächlich vergessen, die Tür abzuschließen, und irgendwer hatte sich hier

Zugang verschafft und mein Arbeitszimmer auf links gezogen. Bei einer nicht verschlossenen Tür sollte das auch gar nicht so schwierig sein. Trotzdem: Die Vorstellung, dass ein fremder Mensch in deiner eigenen Wohnung herumrennt und alles nach Geld absucht, ist sehr unangenehm, geradezu bedrohlich, und lässt dich mit einem Gefühl der Ohnmacht zurück. Ich rief also die Polizei.

Die Polizisten kamen, schellten, und ich öffnete die Tür. Der Polizist zuvorderst sah mich und rief: «Wir haben ihn!»

Freier Fall! Ich schaute den Schutzbeamten mit weit aufgerissenen Augen an und dachte: Das kann doch nicht wahr sein! Von meinen Steuergeldern? «Hören Sie mal, ich habe Rechte, ich weiß, die haben Sie auch, aber das ist eine andere Geschichte. Schauen Sie mal hier, ich hab die ‹Hanskarte› – ja, ich weiß auch, dass die nichts wert ist.»

Dann schloss ich die Tür und dachte: Wo ist mein Schreibblock?

Immer öfter, wenn ich Fernsehen gucke oder Zeitung lese, denke ich an die Analysen von Ahmed, daran, wie er Politik kommentiert und die Dinge, die hier geschehen, in einen internationalen Zusammenhang stellt. Früher habe ich immer geglaubt, wenn ich mich nur anstrenge und ordentlich arbeite und mich anpasse, dann komme ich auch weiter, und wenn nicht, dann liegt es nur an mir selber. Wahrscheinlich bin ich zeit meines Lebens zu blauäugig gewesen – im wahrsten Sinne des Wortes. Ich habe nicht gesehen, was hier mit uns geschieht und warum. Früher habe ich nicht mal ‹wir› oder ‹uns› gesagt …

Ein paar von meinen Kumpels sind letztens mitgekommen – wir sind mit Ahmed zu einem seiner Treffen gegangen. Endlich sind die Jungs von der Spielhalle weg, habe ich noch gedacht. War alles ziemlich konspirativ, niemand hat seinen richtigen Namen genannt, ich auch nicht, ist aber auch nachvollziehbar, wenn der Verfassungsschutz hinter denen her ist. Diese Gruppe, diese Männer sind einfach konsequent. Sie lassen sich nichts mehr bieten und reagieren auf Angriffe; seien es Raketenattacken im Nahen Osten oder verbale Beleidigungen hier. Ist doch sowieso alles dasselbe. Man muss sich nur zu wehren wissen.

Köln ist meine Heimat. Ich liebe diese Stadt. In der Zeit, in der ich in Berlin gelebt und studiert habe, waren die Fahrten nach Hause immer mit großer Freude verbunden. Wer freut sich nicht, wenn er nach Hause kommt?

Wenn der Zug über die Hohenzollernbrücke rollt, wenn ich den Rhein unter mir, das Promenadenpanorama vor mir und den Dom über mir habe, ist das immer ein besonderer Moment der Freude für mich. Mit einem Lächeln auf den Lippen schaue ich aus dem Fenster, genieße die Aussicht und das Glücksgefühl, wieder in meiner Stadt zu sein.

Das Folgende geschah zu einer Zeit, als die Bundespolizei damit anfing, auf Bahnhöfen zu patrouillieren, Präsenz zu demonstrieren und Leute zu kontrollieren, die in ihr Beuteschema passten. Ich stieg aus einem vollbesetzten ICE aus. Im Nu war der Bahnsteig ein Meer von Menschen, Ameisen unter sich, und jeder hatte einen anderen Weg. Manche fielen sich in die Arme, andere nahmen ihren Besuchern nur den Koffer ab – in jedem Fall aber war großer Bahnhof auf dem Bahnsteig und mein Herz voll der Freude. Mich holte zwar keiner ab, aber das brauchte es auch nicht. Mich empfing meine Stadt.

In diesem Gewimmel erblickte ich auf demselben Bahnsteig in der Ferne zwei Bäume von Menschen, die grün und groß durch das Menschenmeer wankten und wie in einem Rettungsboot auf hoher See Ausschau nach Gekenterten hielten. Irgendwann sahen sie mich und kämpften sich zu mir durch. Mit meiner großen Tasche im Schlepptau konnte ich mich nicht schnell bewegen, und die Masse auf dem Bahnsteig war ebenfalls sehr träge. Schließlich standen sie vor mir, und ich erkannte aus der Nähe, dass es sich um Grenzschützer handelte. Während ich mich noch fragte, was die wohl von mir wollen konnten und warum sie ausgerechnet mich anhielten und keinen anderen, fing der eine Baum auch schon an zu sprechen: «Deinen Ausweis!» Ich war etwas überrascht über diese Ansage und bat höflich um Auskunft, worum es denn ginge, woraufhin der andere Baum nicht minder höflich erwiderte: «*Wir* stellen hier die Fragen! Ausweis!!»

Ich fummelte meinen Studentenausweis heraus und zeigte ihnen das Dokument, aber das wollten sie nicht sehen. Ich sagte: «Ich bin ordentlicher Student einer deutschen Hochschule, das muss doch reichen!»

«Wir wollen deinen Personalausweis oder deinen Reisepass sehen! Jetzt!»

Auch wenn die Gesetzeshüter augenscheinlich nicht für meine Argumente offen waren, versuchte ich es noch einmal: «Hören Sie, ich bin Bürger dieses Landes und wüsste zumindest gerne, warum Sie mich hier kontrollieren.»

Eine der beiden belehrte mich daraufhin: «Du bist kein Bürger dieses Landes. Wenn das so wäre, hättest du einen deutschen Pass!»

Es half nichts. Ich musste in meiner Tasche nach meinem Pass kramen. Der steckte in meinem Kalender irgendwo in der großen Tasche, und ich wühlte und suchte, bis ich ihn endlich fand. Die beiden Polizisten warfen einen kurzen Blick hinein, gaben ihn mir wieder und gingen wortlos davon.

Da kniete ich nun vor meiner geschlachteten Tasche, aus der meine Klamotten wie Gedärme ragten. Es war kurz vor Mitternacht und der Bahnsteig inzwischen menschenleer. Zum ersten Mal fühlte ich mich nicht willkommen in meiner Stadt. Ich packte das tote Taschentier zusammen, warf es mir über die Schultern und ging mit einem Fragezeichen im Kopf und einem Ausrufezeichen im Bauch nach Hause. Dort angekommen, schrieb ich eine Geschichte, und der Titel dieser Geschichte dürfte inzwischen bekannt sein.

Ahmed nimmt uns jetzt immer öfter mit zu der Gruppe, aber ich muss sagen, das geht mir ein bisschen zu weit. Ahmed sagt, dass niemand mich unter Druck setzt, ich soll einfach mal in Ruhe darüber nachdenken, doch ich weiß nicht so genau, ob ich das alles mittragen kann. Stimmt schon, es ist höchste Zeit, dass mal jemand auf den Tisch haut und ein paar Dinge klarstellt – und wie kann man das besser als mit einer richtigen Aktion? Ich bin hin- und hergerissen.

Bis jetzt habe ich immer versucht, so freundlich und geduldig wie mög-

lich meinen Standpunkt darzulegen und unsere Situation in Deutschland
zu erklären, um Verständnis zu wecken und so weiter, aber die meiste Zeit
hört keiner wirklich zu.

Früher ging ich in Diskotheken, frag mich nicht, warum. Vielleicht
nur, um dem Gefühl zu entkommen, irgendetwas zu verpassen.

Ich tue das schon lange nicht mehr. In Diskotheken zu gehen
macht auch nicht zuletzt deswegen keinen Spaß, weil ich eh in jede
zweite nicht reingelassen werde. Wenn ich heutzutage ausgehe,
dann dahin, wo es keine Gesichtskontrolle gibt.

Einmal war ich mit zwei Freunden, Tomek und Gilbert, Billard
spielen. Ich mag das, so 'ne ruhige Kugel schieben, was trinken, erzählen, den Jungs zeigen, wer der King am Queue ist, und all das.
Wir verließen gegen eins diese Poolbar und waren unterwegs in
der Innenstadt, als Gilbert auf die Idee kam, wir könnten doch mal
wieder in die Disco gehen, die eine da vorne sei recht neu und cool,
außerdem gäbe es süße Mädchen und so. Ich sagte sofort, dass das
keine gute Idee sei, dass der Abend doch bis jetzt echt nett gewesen
wäre und warum man sich jetzt so etwas antun sollte. «Außerdem
komme ich da eh nicht rein.»

Das sind Sätze, die Tomek immer gleich als Kampfansage nimmt:
«Was? Wieso? Das ist doch Quatsch! Warum sollst du da nicht rein-
kommen, natürlich kommst du da rein! Jetzt mach dich hier mal
nicht so wichtig, und wenn du da nicht reinkommst, gehen wir alle
nicht, aber das hab ich ja noch nie erlebt.» Ich sagte: «Tomek, *du*
vielleicht nicht … aber gut, wie du willst. Ich hab's dir gesagt, und
warum mach ich mich denn hier so wichtig, du Ozelot?»

Wir lachten und stellten uns in die Schlange vor den Club. Nach
ein paar Minuten waren wir an der Reihe. Gilbert ging durch, Tomek
ging durch, und bei mir kam es, wie es kommen musste. Der Türaffe
sagte: «Du nicht!»

«Was, wieso, warum nicht?», fragte ich. Er antwortete nur: «Lass
uns nicht diskutieren. Du kommst hier nicht rein und Schluss.»

Ich hatte es geahnt. Als Tomek und Gilbert sahen, was geschah, gaben sie ihre Jacken doch nicht an der Garderobe ab und kamen wieder aus der Diskothek raus. Im Gegensatz zu mir wollte Tomek mit dem Türsteher diskutieren, Gilbert stellte sich auch noch dazu, und dann ging es los. Warum nicht, was soll der Quatsch, das ist doch lächerlich und so weiter und so weiter. Der sprechende Türrahmen brachte ebenfalls seine Textfragmente an in dieser sinnlosen Diskussion. Irgendwann wollte er, dass Tomek den Eingang frei machte, und schubste meine Jungs zur Seite. Als ob das ein geheimes Zeichen gewesen wäre, sprang ein anderer Türterrier auf mich drauf und begann auf mich einzuschlagen. Der Rest der Primaten verprügelte meine Jungs. Das kam sehr überraschend und war nicht schön. Als sie fertig mit uns waren, rief Gilbert die Bullen. Die tauchten zwanzig Minuten später auf, ließen sich den Sachverhalt von uns erklären, zeigten sich vom Ablauf aber nicht sonderlich beeindruckt und machten auch keine Anstalten, eine Anzeige aufzunehmen. Gilbert war darüber noch verblüffter als über die Deppen an der Tür und fragte nach. Einer der Gesetzeshüter erklärte: «Da sind Sie doch selbst schuld! Warum gehen Sie denn mit einem Türken in die Disco? Ist doch klar, dass der da nicht reinkommt.» Wir erinnerten ihn an seine staatsrechtlichen Pflichten und forderten ihn auf, seine hohe Meinung jetzt doch besser für sich zu behalten und seiner Arbeit nachzukommen.

Bei der Verhandlung wurde der anwesende Angeklagte freigesprochen, weil sich herausstellte, dass er an dem fraglichen Abend gar keinen Türdienst gehabt hatte. Der richtige Türsteher konnte aufgrund der vorbildlichen polizeilichen Arbeit vor Ort nicht mehr ausgemacht werden.

Ich verließ den Gerichtssaal und dachte, das nächste Mal will ich Angeklagter sein, aber vorher muss ich noch etwas erledigen. Ich muss ein Buch schreiben.

Ich hab die Schnauze voll. Man versucht nichts anderes, als in Ruhe seine Arbeit zu machen und sein Leben zu leben, mit Respekt und Liebe. Aber diesen Respekt und diese Liebe gibt es nicht für uns in diesem Land. Egal, wie assimiliert ich bin, die Tatsache, dass ich nicht deutsch genug aussehe, reicht vollends, um immer wieder gegen eine Wand zu laufen – genauer gesagt, von irgendwem gegen diese Wand geknallt zu werden. Mir reicht es. Wenn sowieso jeder Zweite – jeder zweite Deutsche – glaubt, dass ich Dreck am Stecken hätte, bitte, das können sie haben.

Ich habe Ahmed angerufen. Wir treffen uns am Wochenende. Wir müssen reden, dringend.

Anhang I

für integrationsresistente Parallelgesellschaftler
und experimentierfreudige Pfadfinder

Bombenbau leicht gemacht

Lieber Verfassungsschutz!
Das könnte euch so passen.

Die beliebtesten Anschlagziele

Einer repräsentativen Umfrage zufolge sind die beliebtesten An-
schlagziele der Deutschen:

1. das Kraftfahrt-Bundesamt in Flensburg
2. das Finanzamt
3. der Bundestrainer

Anmeldeformular zum Trainingslager
in Afghanistan

Zum Herunterladen des Anmeldeformulars:
Klicken Sie <u>HIER</u>

Anhang II

Gesprächsleitfaden für die Einbürgerungsbehörden
in Baden-Württemberg

Vorbemerkung

Das Bekenntnis zur freiheitlichen demokratischen Grundordnung des Grundgesetzes für die Bundesrepublik Deutschland ist Einbürgerungsvoraussetzung nach § 10 Abs. 1 Satz 1 Nr. 1 StAG. Entsprechendes gilt im Rahmen der Ermessenseinbürgerung. Es darf deshalb keineswegs als Formalie gehandhabt werden, die mit der Unterschrift unter die Bekenntniserklärung erfüllt ist. Soweit die Einbürgerungsbehörde Zweifel hat, ob der Einbürgerungsbewerber den Inhalt seiner Erklärung wirklich verstanden hat und ob sie seiner inneren Überzeugung entspricht, führt sie ein Gespräch mit ihm unter Verwendung dieses Leitfadens. Die Ergebnisse des Gesprächs sind zu dokumentieren und vom Einbürgerungsbewerber zu unterschreiben. Dabei sind auch Erläuterungen zu den jeweiligen Antworten zu erfragen und festzuhalten. Der Einbürgerungsbewerber ist darauf hinzuweisen, dass unwahre Angaben als Täuschung der Einbürgerungsbehörde gewertet werden und – auch noch nach Jahren – zur Rücknahme der Einbürgerung führen können. Die Unterzeichnung der Bekenntnis- und Loyalitätserklärung nach Nr. 10.1.1.1 der vorläufigen Anwendungshinweise des BMI zum StAG bleibt unberührt; das Gleiche gilt für die Ergänzung zu Nrn. 8.1.2.5 und 9.1.2.1 der vorläufigen Anwendungshinweise.

1. Das Bekenntnis zur freiheitlichen demokratischen Grundordnung des Grundgesetzes für die Bundesrepublik Deutschland umfasst die Werteordnung des Grundgesetzes, die inhaltsgleich für alle Staaten der Europäischen Union gilt. Dazu gehören unter anderem
   - der Schutz der Menschenwürde,
   - das Gewaltmonopol des Staates, das heißt, außer dem Staat darf in der Bundesrepublik Deutschland niemand Gewalt gegen einen

anderen anwenden, es sei denn in Notwehr. Der Staat selbst darf Gewalt nur auf Grund einer gesetzlichen Ermächtigung anwenden

– sowie die Gleichberechtigung von Mann und Frau.

Entsprechen diese Grundsätze Ihren persönlichen Vorstellungen?

2. Was halten Sie von folgenden Aussagen? «Demokratie ist die schlechteste Regierungsform, die wir haben, aber die beste, die es gibt.» «Die Menschheit hat noch nie eine so dunkle Phase wie unter der Demokratie erlebt. Damit der Mensch sich von der Demokratie befreien kann, muss er zuerst begreifen, dass die Demokratie den Menschen nichts Gutes geben kann ...»

3. In Filmen, Theaterstücken und Büchern werden manchmal die religiösen Gefühle von Menschen der unterschiedlichen Glaubensrichtungen verletzt. Welche Mittel darf der Einzelne Ihrer Meinung nach anwenden, um sich gegen solche Verletzungen seines Glaubens zu wehren, und welche nicht?

4. Wie stehen Sie zu Kritik an einer Religion? Halten Sie diese für zulässig? Setzen Sie sich damit auseinander?

5. In Deutschland können politische Parteien und Vereine wegen verfassungsfeindlicher Betätigung verboten werden. Würden Sie trotz eines solchen Verbots die Partei oder den Verein doch unterstützen? Unter welchen Umständen?

6. Wie stehen Sie zu der Aussage, dass die Frau ihrem Ehemann gehorchen soll und dass dieser sie schlagen darf, wenn sie ihm nicht gehorsam ist?

7. Halten Sie es für zulässig, dass ein Mann seine Frau oder seine Tochter zu Hause einschließt, um zu verhindern, dass sie ihm in der Öffentlichkeit «Schande macht»?

8. In Deutschland kann die Polizei bei gewalttätigen Auseinandersetzungen zwischen Eheleuten einschreiten und zur Abwehr von weiteren Gefahren den Täter für einige Tage aus der Wohnung verweisen. Was halten Sie davon?

9. Halten Sie es für einen Fortschritt, dass Männer und Frauen in Deutschland kraft Gesetzes gleichberechtigt sind? Was sollte der

Staat Ihrer Meinung nach tun, wenn Männer dies nicht akzeptieren?

10. In Deutschland kann jeder bei entsprechender Ausbildung nahezu jeden Beruf ergreifen. Was halten Sie davon? Sind Sie der Meinung, dass bestimmte Berufe nur Männern oder nur Frauen vorbehalten sein sollten? Wenn ja, welche und warum?

11. Welche Berufe sollte Ihrer Meinung nach eine Frau auf keinen Fall ausüben? Hätten Sie bei bestimmten Berufen Schwierigkeiten, eine Frau als Autoritätsperson anzuerkennen?

12. In Deutschland kann jeder selbst entscheiden, ob er sich lieber von einem Arzt oder einer Ärztin behandeln lässt. In bestimmten Situationen besteht diese Wahlmöglichkeit jedoch nicht: Notfall, Schichtwechsel im Krankenhaus. Würden Sie sich in einem solchen Fall auch von einer Ärztin (männlicher Einbürgerungsbewerber) oder einem Arzt (Einbürgerungsbewerberin) untersuchen oder operieren lassen?

13. Man hört immer wieder, dass Eltern ihren volljährigen Töchtern verbieten, einen bestimmten Beruf zu ergreifen oder einen Mann ihrer Wahl zu heiraten. Wie stehen Sie persönlich zu diesem Verhalten? Was würden Sie tun, wenn Ihre Tochter einen Mann anderen Glaubens heiraten oder eine Ausbildung machen möchte, die Ihnen nicht gefällt?

14. Was halten Sie davon, dass Eltern ihre Kinder zwangsweise verheiraten? Glauben Sie, dass solche Ehen mit der Menschenwürde vereinbar sind?

15. In Deutschland gehört der Sport- und Schwimmunterricht zum normalen Schulunterricht.
Würden Sie Ihre Tochter daran teilnehmen lassen? Wenn nein: Warum nicht?

16. Wie stehen Sie dazu, dass Schulkinder an Klassenausflügen und Schullandheimaufenthalten teilnehmen?

17. Ihre volljährige Tochter/Ihre Frau möchte sich gerne so kleiden wie andere deutsche Mädchen und Frauen auch. Würden Sie versuchen, das zu verhindern? Wenn ja: Mit welchen Mitteln?

18. Bei Einbürgerungsbewerberinnen: Ihre Tochter möchte sich gerne so kleiden wie andere deutsche Mädchen und Frauen auch, aber Ihr Mann ist dagegen? Was tun Sie?

19. Ihre Tochter/Schwester kommt nach Hause und erzählt, sie sei sexuell belästigt worden. Was tun Sie als Vater/Mutter/Bruder/ Schwester?

20. Ihr Sohn/Bruder kommt nach Hause und erzählt, er sei beleidigt worden. Was tun Sie als Vater/Mutter/Bruder/Schwester?

21. Erlaubt das Grundgesetz Ihrer Meinung nach, seine Religion zu wechseln, also seine bisherige Glaubensgemeinschaft zu verlassen und ohne Religion zu leben oder sich einer anderen Religion zuzuwenden? Was halten Sie davon, wenn man wegen eines solchen Religionswechsels bestraft würde (z.B. mit dem Verlust des Erbrechts)?

22. Sie erfahren, dass Leute aus Ihrer Nachbarschaft oder aus Ihrem Freundes- oder Bekanntenkreis einen terroristischen Anschlag begangen haben oder planen. Wie verhalten Sie sich? Was tun Sie? (Hinweis für die EBB: Der Vorsitzende des Zentralrats der Muslime in Deutschland, Dr. Nadeem Elyas, hat im ZDF am 15.07.2005 – nach den Anschlägen in London – erklärt, die Zusammenarbeit mit den Sicherheitsbehörden sei für Muslime «ein islamisches Gebot und kein Verrat»!)

23. Sie haben von den Anschlägen am 11. September 2001 in New York und am 11. März 2004 in Madrid gehört. Waren die Täter in Ihren Augen Terroristen oder Freiheitskämpfer? Erläutern Sie Ihre Aussage.

24. In der Zeitung wird manchmal über Fälle berichtet, in denen Töchter oder Ehefrauen von männlichen Familienangehörigen wegen «unsittlichen Lebenswandels» getötet wurden, um die Familienehre wiederherzustellen. Wie stehen Sie zu einer solchen Tat?

25. Was halten Sie davon, wenn ein Mann in Deutschland mit zwei Frauen gleichzeitig verheiratet ist?

26. Wie beurteilen Sie es, wenn ein verheirateter Mann aus Deutsch-

land in seinen früheren Heimatstaat fährt und dort ein zweites Mal heiratet?

27. Manche Leute machen die Juden für alles Böse in der Welt verantwortlich und behaupten sogar, sie steckten hinter den Anschlägen vom 11. September 2001 in New York? Was halten Sie von solchen Behauptungen?

28. Ihre Tochter bewirbt sich um eine Stelle in Deutschland. Sie bekommt jedoch ein ablehnendes Schreiben. Später erfahren Sie, dass eine Schwarzafrikanerin aus Somalia die Stelle bekommen hat. Wie verhalten Sie sich?

29. Stellen Sie sich vor, Ihr volljähriger Sohn kommt zu Ihnen und erklärt, er sei homosexuell und möchte gerne mit einem anderen Mann zusammenleben. Wie reagieren Sie?

30. In Deutschland haben sich verschiedene Politiker öffentlich als homosexuell bekannt. Was halten Sie davon, dass in Deutschland Homosexuelle öffentliche Ämter bekleiden?

Erklärung des Einbürgerungsbewerbers

Meine Antworten und Erläuterungen zu den gestellten Fragen sind korrekt wiedergegeben und entsprechen meiner tatsächlichen inneren Einstellung. Ich hatte keine Schwierigkeiten, die Fragen zu verstehen; soweit ich sie nicht gleich verstanden habe, wurden sie mir so erklärt, dass ich alles verstanden habe.

Ich wurde ausdrücklich darauf hingewiesen, dass unwahre Angaben als Täuschung der Einbürgerungsbehörde gewertet werden und – auch noch nach Jahren – zur Rücknahme der Einbürgerung führen können, selbst wenn ich dadurch staatenlos werden sollte.

Quellen

Seite 36–38 Autoren: Fatih Çevikkollu/Thomas Lienenlüke

Seite 39–42 Erstabdruck in Kien Nghi Ha, Nicola Lauré al-Samarai, Sheila Mysorekar (Hg.): *re/visionen. Postkoloniale Perspektiven von People of Color auf Rassismus, Kulturpolitik und Widerstand in Deutschland.* Münster: Unrast 2007, S. 129–131.

Seite 90–100 Geschichten von Hans Werner, genannt Harvey, und anderen Figuren aus dem Fatihland jeden Donnerstag beim WDR, Funkhaus Europa: www.funkhauseuropa.de/sendungen/cosmo/ serien/fatihland/fatihland.phtml/

Zitate Seite 101–108

Von Wolfgang Schäuble: www.bundesregierung.de/nn_15500/ Content/DE/Interview/2006/02/2006-02-06-schaeuble-integration-fordern-und-foerdern.html

www.zeit.de/2005/46/Sch_8auble

www.aufenthaltstitel.de/zuwg/1126.html

Von Gotthard Deuse: www.focus.de/politik/deutschland/muegeln_aid_131206.html